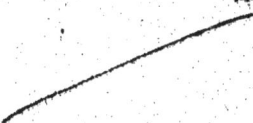

V. 27 II. posta.

3

TRAITÉ

THÉORIQUE ET PRATIQUE

DES PROPORTIONS HARMONIQUES,

ET DE LA FONTE

DES CLOCHES.

OUVRAGE CURIEUX POUR LES SAVANS,
& utile aux Chapitres, aux Fabriques
& aux Communautés.

PAR M. ROUJOUX CURÉ DE FISMES.

✽

A PARIS,

Chez NYON, Quai des Augustins,
à l'Occasion.

M. DCC. LXV.

Avec Approbation, & Privilege du Roi.

PREFACE.

JE traite de la Fonte des Cloches, je dois donc en parler suivant les regles de l'harmonie qui leur est propre.

Si parmi les vastes feux qui roulent sur nos têtes ; si parmi les objets terrestres d'une variété immense qui tombent sous nos sens, l'assortiment & l'harmonie marchent avec cet ordre & cette majesté admirable, si propre à faire connoître l'unique & suprême Intelligence qui y préside ; si dans le genre moral & le politique, l'accord mutuel y est essentiel, si le genre animal ne tire son avantage & sa perfection que de la symétrie de ses membres, de ses sensations, de ses sympathies ; en deux mots, si avec l'harmonie tout est bon, & si sans harmonie tout est mauvais, on peut dire aussi que point d'harmonie point d'arts. Or, en descendant du général au particulier, faire des Cloches est un art ; mettons-y donc de l'harmonie & une ordonnance fixe qui en affurent l'exécution.

Et difons d'abord qu'une Cloche feule, fi elle eft bien faite, doit s'accorder avec elle-même, & contenir intrinféquement toute l'octave de la mufique, fans quoi elle eft en défaut. Celle qui fonne le ton grave étant confidérée comme un inftrument organifé, doit monter de tierces en tierces & former ces fix tierces, *ut*, *mi fol, fi, re, fa, la, ut* : & cet accord s'appelle progreffion harmonique fimple, parceque ce n'eft qu'une Cloche organifée dans fes huit parties de tons.

Mais cela ne fuffit pas ; car fi cet accord que nous lui fuppofons n'eft point afforti à celui des autres qui l'accompagnent, cela fera une cacophonie.

Comme fes compagnes doivent être confidérées comme autant de parties féparées de fon tout ; les fept tons *re*, *mi*, *fa*, *fol*, *la*, *fi*, *ut*, qu'elle contient, doivent fe rencontrer en uniffon avec ces fept Cloches *re*, *mi*, *fa*, *fol*, *la*, *fi*, *ut*, qui la fuivent : & cette organifation qui regne par-tout, eft une autre progreffion harmonique que l'on appelle relative.

C'eft d'après ces principes fi fimples que je préfente au Public ce petit Traité de la Fonte des Cloches, où les proportions harmoniques fe préfentent dans les trois premiers Chapitres ; la façon de faire des Diapafons par le calcul, dans les trois fuivans ; par le méchanifme, dans le feptieme : le huitieme Chapitre eft deftiné à trouver le poids des Cloches : le neuvieme traite de l'échantillon & d'autres petits articles : les dixieme & onzieme apprennent à dreffer cet échantillon & à faire les moules, le four de reverbere, &c.

Comme j'ai eu recours au P. Mer-

senne, les bons Artiftes qui vou-
dront faire de même, feront très
bien ; mais après m'avoir lu , ils ver-
ront que ce grand harmonifte n'a pas
tout dit , & je peux dire qu'ils trouveront ici des développemens , des
éclairciffemens, des démonftrations &
des Tables que perfonne n'a dreffées
avant moi. C'eft le fruit de mon travail
& de mes récréations. Je ne parle pas
de M. Pluches ; il n'a fait que copier
de l'Ouvrage de ce Religieux ce qu'il
en a voulu , & a laiffé l'effentiel.

   On eft fouvent trompé par l'ignorance ou par la mauvaife foi des Artiftes dans la fonte des Cloches. Le
moyen d'y remédier eft d'être foi-
même inftruit quand on les emploie ;
cet Ouvrage, néceffaire aux Artiftes ,
eft néceffaire aux Communautés, aux
Curés & aux Fabriciens.

APPROBATION.

J'ai lû, par l'ordre de Monseigneur le Vice-Chancelier, un Manuscrit intitulé : *Traité Théorique & Pratique des proportions harmoniques & de la fonte des Cloches*, & je n'y ai rien trouvé qui puisse en empêcher l'impression. A Paris ce 25 Juillet 1764.

CLAIRAUT.

PRIVILEGE DU ROI.

LOUIS, par la grace de Dieu, Roi de France & de Navarre : A nos amés & féaux Conseillers les Gens tenant nos Cours de Parlement, Maîtres des Requêtes ordinaires de notre Hôtel, Grand-Conseil, Prévôt de Paris, Baillifs, Sénéchaux, leurs Lieutenants Civils, & autres nos Justiciers qu'il appartiendra : SALUT. Notre amé JEAN - LUC NYON, Libraire à Paris, Nous a fait exposer qu'il desireroit faire imprimer & donner au Public un Ouvrage qui a pour Titre : *Traité Théorique & Pratique des Proportions harmoniques & de la Fonte des Cloches*, par M. ROUJOUX, Curé de Fismes, s'il Nous plaisoit lui accorder nos Lettres de Privilége pour ce nécessaires. A CES CAUSES, voulant favorablement traiter l'Exposant, Nous lui avons permis & permettons par ces Présentes, de faire imprimer ledit Ouvrage autant de fois que bon lui semblera, & de le vendre, faire vendre & débiter par tout notre Royaume, pendant le tems de trois années consécutives, à compter du jour de la date des Présentes ; faisons défenses à tous Imprimeurs, Libraires, & autres personnes, de quelque qualité & condition qu'elles soient, d'en introduire d'impression étrangere dans aucun lieu de notre obéissance ; à la charge que ces Présentes seront enregistrées tout au long sur le Registre de la Communauté des Imprimeurs & Libraires de Paris, dans trois mois de ladate d'icelles, que l'impression dudit Ouvrage sera faite dans notre Royaume, & non ailleurs, en bon papier & beaux caracteres, conformément à la feuille imprimée, attachée pour modele sous le Contrescel des Présentes ; que l'Impétrant se conformera en tout aux Réglemens de la Librairie, & notamment à celui du 10 Avril 1725 ; qu'avant de l'exposer en vente, le manuscrit qui aura servi de copie à l'impression dudit Ouvrage, sera remis dans le même état où l'Approbation y aura été donnée, ès mains de nôtre très cher & féal Chevalier Chancelier de France le Sieur de Lamoignon, & qu'il en sera ensuite remis deux Exemplaires dans notre Bibliothéque publique, un dans celle de notre Château du Louvre, un dans celle dudit Sieur de Lamoignon, & un dans celle de notre très cher & féal Chevalier Vice-Chancelier & Garde des Sceaux de France le Sieur de Maupeou, le tout à peine de nullité des Présentes ; du contenu desquelles vous mandons & enjoignons de faire jouir ledit Exposant, ou ses ayans cause pleinement & paisiblement, sans souffrir qu'il leur soit aucun trouble ou empêchement ; Voulons qu'à la copie des Présentes qui sera imprimée tout au long au commencement ou à la fin dudit Ouvrage, foi soit ajoutée comme à l'Original. Commandons au premier notre Huissier ou Sergent sur ce requis, de faire pour l'exécution d'icelles tous actes requis & nécessaires, sans demander autre permission, & nonobstant Clameur de Haro, Charte Normande & Lettres à ce contraires : Car tel est notre plaisir. Donné à Paris le vingt-deuxieme jour d'Août, l'an de grace mil sept cens soixante-quatre, & de notre Regne le quarante-neuvieme. Par le Roi en son Conseil.

L E B E G U E.

Registré sur le Registre XVI de la Chambre Royale & Syndicale des Libraires & Imprimeurs de Paris, n°. 925 ; fol. 153, conformément au Reglement de 1723. A Paris ce 5 Septembre 1764.

LEBRETON, Syndic.

T R A I T É

TRAITÉ

THÉORIQUE

ET

PRATIQUE

DES PROPORTIONS HARMONIQUES

ET DE LA

FONTE DES CLOCHES.

CHAPITRE PREMIER.

Table des proportions harmoniques pour deux Octaves de suite, avec le semi-ton.

Dans les Entretiens champêtres que nous eûmes il y a bientôt un mois, on parla beaucoup des Fondeurs de Cloches, de leur art dont ils font un myſtere, &

A

qui d'ordinaire n'en eſt pas moins un pour eux-mêmes que pour les autres. On me cita à leur occaſion l'infortune d'un Curé de notre voiſinage, qui, pour s'être rendu adjudicataire économe d'une fonte des trois groſſes Cloches de ſa Paroiſſe, s'eſt trouvé preſque ruiné, tant par l'ignorance & les chicanneries du Fondeur, que par la faute des Juges peu connoiſſeurs en cette matiere, qui condamnerent le Curé. On me fit ſentir que ce ſeroit rendre ſervice au Public, que de mettre cet Art à la portée des perſonnes intelligentes, & par-là ménager les intérêts des Chapitres, des Religieux & des Fabriques. Je promis alors d'y travailler, je remplis aujourd'hui ma promeſſe.

Je rends juſtice aux Maîtres de l'art; ils ſont ſûrs de leur fait: mais combien en eſt-il qui ne ſont ſûrs de rien, ſinon de manquer; qui commencent par promettre beaucoup, continuent par mal ſervir, & finiſſent par vous ruiner? Le fondement & le principe eſſentiel de leur art, conſiſte dans des proportions que l'on nomme proportions harmoniques, dont l'Ouvrier ne devroit jamais s'écarter, & dont cependant les Fondeurs à routine n'ont pas la moindre idée; ce qui fait que l'on en eſt preſque toujours les dupes, & que la bourse des Fabriques se vuide à pure perte.

Pour prévenir un si grand abus, je vais poser pour base de tout cet Ouvrage, tel que vous me le demandez, la Table suivante: le développement & l'application que j'en ferai, vous donneront tout l'éclaircissement possible.

TABLE des proportions harmoniques pour deux Octaves de suite avec leurs feintes ou semi-tons.

Tout unisson est en proportion de 1 à 1.

OCTAVE SIMPLE.

La seconde majeure est en proportion de	9	à 8
La seconde mineure est en proportion de	10	à 9
ou de	16	à 15
La tierce majeure est en proportion de	5	à 4
La tierce mineure est en proportion de	6	à 5
La quarte est en proportion de . . .	4	à 3
La quinte est en proportion de . . .	3	à 2
La sixieme majeure en proportion de . .	5	à 3
La sixieme mineure en proportion de . .	8	à 5
La septieme majeure en proportion de .	15	à 8
La septieme mineure en proportion de .	9	à 5
L'octave est en proportion de . . .	2	à 1

DOUBLE OCTAVE.

La neuvieme majeure eſt en proportion de 9 à 4

La neuvieme mineure eſt de . . . . . 32 à 15

ou de 20 à 9

La dixieme majeure eſt de . . . . . 5 à 2

La dixieme mineure eſt de . . . . . 12 à 5

La onzieme eſt en proportion de . . 8 à 3

La douzieme eſt en proportion de . . 3 à 1

La treizieme majeure eſt de . . . . 10 à 3

La treizieme mineure eſt de . . . . 16 à 5

La quatorzieme majeure eſt de . . . 15 à 4

La quatorzieme mineure eſt de . . . 18 à 5

La double octave eſt de . . . . . 4 à 1

C'eſt, Monſieur, ſur cette Table que
tout Fondeur doit ordonner ſon travail.
Elle eſt à ſon égard comme un point de
perſpective, d'où il doit enviſager non-
ſeulement les loix , ſi j'oſe le dire , de l'é-
légance & du bon goût, mais celles du
vrai & du néceſſaire. On peut même affir-
mer que ſans cette eſpece de méſochore,
on ne peut trouver ni accords, ni harmo-
nies , ni poids, ni épaiſſeurs , ni diametres,
ſi ce n'eſt par un pur haſard. Ainſi c'eſt la
baſe de tout.

Vous ſerez peut-être aſſez curieux , car
je connois trop votre eſprit pénétrant &
la fineſſe de votre goût pour vous contenter de mots ſans en connoître le ſens;

oui, vous ferez affez curieux pour me demander la raifon primitive de cette Table, & pourquoi, par exemple, on met la quinte en proportion de 3 à 2, & l'octave de 2 à 1. Mon deffein eft bien de vous rendre content : je vous prie feulement de vous faire un monocorde, qui ne fera autre chofe qu'une regle de bois divifée en 3600 parties égales d'une demie ligne chacune ou environ, longue de treize à quatorze pieds. Vous monterez cette regle d'une corde de boyau ou de laiton, de toute la longueur de vos 3600 divifions, médiocrement tendue fur deux chevalets placés aux deux extrêmités de la ligne ainfi divifée ; & vous aurez un troifieme chevalet qui fera pour gliffer fous la corde à chaque numero des 3600 divifions. Il faudra auffi une feconde corde de même matiere que la premiere, de la même longueur & épaiffeur, & montée de même, mais point de troifieme chevalet, laquelle fera toujours frappée à vuide & dans toute fon étendue, tandis que vous frapperez la premiere à droite ou à gauche du chevalet ambulant.

L'inftrument ainfi difpofé & monté, gliffez le chevalet fous la premiere corde au nᵒ. 1800 qui en eft le milieu ; frappez à droite & à gauche du chevalet ; & comme la partie de corde de la droite & la partie de la gauche, font également de 1800 numeros chacune, elles vous donneront l'une & l'autre enfemble un parfait uniffon, & en même tems la raifon de 1 à 1.

Il eft queftion préfentement, Monfieur, de fe faire un principe pour pouvoir fe rendre raifon à foi-même pourquoi les proportions harmoniques doivent être telles que la Table les annonce : ce principe eft que la parité doit être entiere, par rapport aux différences proportionnelles qui fe trouvent entre la feconde corde qui fonne toujours le ton grave, & les parties de la premiere corde qui fonnent les tons aigus d'une part, & les proportions harmoniques de la Table d'autre part. Ceci dit, frappez la premiere corde aux deux côtés du chevalet ; ces deux côtés qui font de 1800 chacun, fonneront l'*ut* aigu, & la feconde corde qui eft fuppofée de 3600 fonnera l'*ut* grave, octave d'*ut* aigu ; & ce fera pour lors la proportion de deux à un, ou autrement deux cordes de 1800 divifions contre une de 3600.

Pouffant enfuite le chevalet au n°. 2400, fi vous frappez le côté 2400 & la feconde corde qui eft à vuide, vous aurez une quinte bien formée & tout à la fois la proportion de trois à deux : en voici la preuve. La quinte eft au ton grave comme 2400 eft à 3600 ; or il y a entre 2400 &

3600, une différence proportionnelle qui est de 1200; mais 1200 se trouve trois fois compris en 3600 & deux fois en 2400, qui est une différence de 3 à 2; donc la quinte est aussi avec le son grave en proportion de 3 à 2.

Glissez de-là le chevalet au n°. 2700; frappez cette partie de corde, & en même tems la corde du son grave; vous aurez une *quarte*, & la raison de 4 à 3 : car la différence qui se trouve entre 3600 & 2700 doit se trouver la même entre le ton grave & sa *quarte*. Or cette différence est de 900 divisions, qui font quatre fois comprises en 3600 & trois fois en 2700. La différence du ton grave à la *quarte* est donc de 4 à 3.

La tierce majeure trouvera sa place au n°. 2880, dont la différence proportionnelle jusqu'à 3600 est de 720 divisions, laquelle somme se trouve 5 fois en 3600, & 4 fois en 2880 : donc la différence proportionnelle du ton grave à la *tierce* majeure est de 5 à 4.

Le n°. 3000 sera la place du chevalet pour la *tierce* mineure; & la différence de 3600 à 3000, fera aussi celle de la corde entiere avec la *tierce*; or cette différence qui est de 600, se trouve 6 fois comprise en 3600 & 5 fois en 3000. La proportion harmonique de 6 à 5 est donc celle que nous cherchons.

Comme ce petit travail de combinaisons est mon propre ouvrage en quelque façon , & que l'on pourroit me reprocher d'avoir fait un empiétement sur le droit de Messieurs les Musiciens , si quelques-uns d'entr'eux jugent à propos d'en faire la critique , ils me feront plaisir.

CHAPITRE II.

Suite de la Table des Proportions harmoniques.

LES secondes, sixiemes, & septiemes majeures & mineures, vont donc achever le dénouement de la Table harmonique que j'ai commencée.

La *seconde majeure* se trouve sous le chevalet au n°. 3200. Il y a un vuide de 400, entre 3600 & 3200 qui forme la différence proportionnelle de ces deux sommes : c'est aussi la différence qui doit se trouver entre la corde à vuide & cette *seconde majeure* : or 400 est compris 9 fois en 3600 & 8 fois en 3200 ; la proportion de la *seconde majeure* est parconséquent de 9 à 8.

La *seconde mineure* se trouve au n°. 3240 : de 3240 jusqu'à 3600 il y a une différence de 360, & cette grandeur 360 se trouve 10 fois dans la corde entiere qui est supposée de 3600 parties, & 9 fois dans la partie de corde ou dans la grandeur 3240 ; c'est donc la proportion de 10 à 9 qui appartient à cette *seconde mineure*.

Pour les sixiemes & septiemes, comme vous ne pouvez, Monsieur, réussir à trouver la raison de vos proportions sur les nombres entiers, parcequ'ils sont accompagnés de fractions, vous opererez sur ces fractions en la maniere qui suit.

La sixieme majeure est au nº. 2160 où vous avez glissé le chevalet : jusqu'à 3600 c'est 1440 de différence. Mais parceque cette grandeur 1440 ne se trouve que deux fois dans celle de 3600 avec le reste 720, & ne se trouve qu'une fois dans celle de 2160 avec pareil reste 720, & que d'ailleurs cette proportion de 2 à 1 ne peut faire la proportion que vous cherchez, en ce qu'elle est la proportion déjà trouvée de l'*octave*, vous agirez sur ce reste 720 comme si c'étoit un nombre entier ; & en conséquence dites : en 3600 combien de fois 720 ? 5 fois ; & combien en 2160 ? 3 fois, & le tout sans reste : restez-en donc là, & concluez que la proportion cherchée est de 5 à 3, ce qu'il falloit démontrer.

C'est au nº. 2250 que le chevalet se pousse pour sonner la sixieme mineure, lequel numero laisse un vuide de 1350 jusqu'à 3600 ; lequel nombre 1350 n'est qu'une fois en 2250 avec reste de 900, & 2 fois avec pareil reste en 3600. Or la proportion de 2 à 1, comme il vient d'être dit, ne peut convenir qu'à l'octave. Il faut donc opérer sur ce reste 900 comme si c'étoit un nombre entier, & dire : en 3600 com-

bien de fois 900 ? 4 fois fans refte ; & en
2250 combien de fois 900 ? 2 fois avec le
refte 450 : mais parcequ'il ne doit y avoir aucun refte qui ne foit commun à ces deux
fommes 3600 & 2250, il faut paffer à une
troifieme opération, & agir à l'ordinaire
fur ce refte unique 450 : or comme ce refte,
eft contenu 8 fois jufte & fans aucun refte en 3600, & eft 5 fois jufte auffi en 2250,
vous devez conclure que cette derniere
épreuve eft bonne, & que la raifon que
l'on demande donne 8 à 5, qui eft ce
que l'on cherche pour la *fixieme mineure*.

Parvenu à la *feptieme majeure*, où le
nº 1920 aura fonné ce ton, vous opererez
de la même maniere qu'à la fixieme majeure ; c'eft-à-dire, que comme entre
1920 & 3600, il y a une diftance de corde
qui comprend 1680 parties, & que ce nombre 1680 n'eft compris que 2 fois avec
refte 240 en 3600, & une fois en 1920,
avec un refte pareil, il faudra opérer fur
ce refte 240, & voir combien 3600 &
1920 le contiennent de fois, c'eft 15 fois
dans l'un & 8 fois dans l'autre : & c'eft
auffi la raifon cherchée pourquoi la *feptieme majeure* eft dite être en proportion
de 15 à 8.

C'eft enfin de la *feptieme mineure* qu'il
s'agit : elle doit fonner au nº 2000, &
laiffer un intervalle de corde de 1600 par-

ties. Or cette grandeur 2000 ne comprend celle de 1600 qu'une fois, avec un reste qui est de 400 ; & celle de 3600 ne comprend aussi celle de 1600 que deux fois avec pareil reste 400 ; & comme la proportion de 2 à 1 n'est que pour l'octave, il faut travailler sur ce reste 400 , qui est une grandeur commune à celle de 3600 & de 2000 , de la même maniere que précédemment, & voir combien de fois 400 se trouve en 3600 & en 2000 ; c'est 9 fois en l'un & 5 fois en l'autre, d'où vous jugerez que la proportion de 9 à 5 est au juste la raison cherchée. Tout est dit pour la premiere octave, & pour la raison démonstrative des proportions harmoniques énoncées dans la Table.

CHAPITRE III.

On rend raison de la Table précédente des proportions harmoniques.

J'AI promis une seconde idée pour parvenir à rendre raison de la Table des proportions harmoniques : & voici ce que c'est.

C'est par la différence des battemens d'air que l'on parvient à cette connoissance ; car, après tout, les consonnances & dissonnances se font par l'addition & la soustraction de ces mêmes battemens.

L'UNISSON.

En effet, tant qu'on n'ajoutera rien & qu'on n'ôtera rien à deux tons qui, supposé, feront chacun huit battemens, il est certain qu'en conservant toujours la même égalité, ils iront toujours de pair, & formeront entre eux ce qu'on appelle unisson.

L'OCTAVE.

Si au contraire à l'un des unissons l'on ajoute un second battement, tandis que l'autre unisson demeurera ferme & au même ton, on aura deux battemens d'air contre un, & la proportion de 2 à 1 ; deux battemens pour *ut* aigu & un pour *ut* grave.

La Quinte.

Et si l'on augmente ces deux battemens de l'octave d'un troisieme, on aura pour la *quinte* trois battemens au lieu de deux, parceque la *quinte* est composée de deux mouvemens, à raison de ces cinq sons dont l'un bat l'air deux fois tandis que l'autre le bat trois fois. D'où il arrive qu'une corde qui sera tellement divisée qu'elle laissera 3 parties d'un côté & 2 de l'autre, donnera nécessairement la *quinte*, parceque le côté qui a 3 parties battera deux fois l'air pendant que celui qui n'en a que 2 le battera trois fois ; le nombre des battemens étant réciproque de la longueur des cordes.

La Quarte.

Elle consiste dans le mêlange de deux sons, dont la proportion est de 4 à 3 ; parcequ'en même-tems que la *quarte aiguë* bat quatre fois l'air, la *quarte* grave ne le bat que trois fois : c'est pourquoi il faut que la plus grosse cloche de la *quarte* grave soit plus haute & plus large d'un tiers que l'autre.

Les Tierces,

Ainsi que les autres consonnances se forment par deux mouvemens dont l'un bat l'air 5 fois dans la *tierce majeure* aiguë & l'autre 4 fois dans la *tierce grave* ; 6 fois pour la *tierce mineure* aigüe & 5 fois pour la *tierce grave*.

Maintenant fi, après avoir ajouté tous ces différens battemens d'air pour monter de ton en ton, on vient à les retrancher, on descendra comme on aura monté de consonnances en consonnances jusqu'au premier son. On fera tenir également la même route aux dissonnances tant en montant qu'en descendant.

LES SECONDES.

Car fi, dans la supposition de deux unissons composés de huit battemens d'air chacun, on ajoute à un d'eux un nouveau battement, on aura ce qui se nomme le ton ou la *seconde majeure* de 8 à 9, & en ajoutant encore un second, on aura ce qu'on nomme le *semi-ton* ou la *seconde mineure* de 10 à 9 : mais fi, après cette addition faite, on en vient à souftraire & à retrancher une unité de 10 & de 9, le semi-ton deviendra le ton.

LA SIXIEME MINEURE

Se fait aussi par trois battemens d'air, lesquels ajoutés aux cinq battemens de la quinte, en donnent huit, & en même-tems la proportion de 8 à 5.

LES DOUBLES OCTAVES.

On ne fait que doubler le plus grand

terme, c'eſt-à-dire, le plus haut chiffre
des octaves qui précedent de ton en ton;
& cela tant de fois répétées que l'on voudra. Le plus grand terme d'*ut* grave de la
premiere octave eſt 2, qui étant doublé
donne 4 pour *ut* grave de la ſeconde octave. Le tout ſera dit quand on aura ob-
ſervé que d'octaves en octaves les battemens diminuent ſucceſſivement de moitié,
tandis qu'au contraire le volume des Cloches augmente du double en épaiſſeurs,
hauteurs, poids & largeurs, à meſure
qu'elles deſcendent par octave; c'eſt la
raiſon inverſe.

Une petite obſervation, Monſieur, va
vous donner parfaitement l'intelligence de
tout ce qui a été dit juſques ici; qui eſt
1°. que le ſon d'une corde ou d'un autre
corps, contient en ſoi tous les ſons quel-
conques, à raiſon des différens battemens d'air qui ſe font à chaque point ou
partie de cette corde, qui ſe meut d'une
vîteſſe différente; 2°. que les parties de la
corde ſe meuvent d'autant plus vîte qu'elles approchent de ſon milieu de plus
près; 3°. enfin, que la raiſon des battemens de l'air que donnent ces mêmes parties, eſt inverſe des longueurs de cette
même corde. Exemple, une corde arrêtée aux points A B & F, que l'on tirera
d'abord dans toute ſa longeur A B par

le

le point G, ne s'en retournera qu'une fois vers le point F, tandis qu'étant arrêtée par son milieu au point F, elle s'en retournera deux fois vers le point H, quand on la tirera par le point I.

Donc la moitié de cette corde donnera le double de battemens de ce qu'elle en donnera étant entiere : donc le nombre des retours s'augmente à proportion que les longueurs se raccourciffent : donc les battemens d'air que font entendre les Cloches doivent augmenter à mesure que les épaiffeurs & diametres s'en raccourciffent par une raifon qui eft dite réciproque ou inverfe.

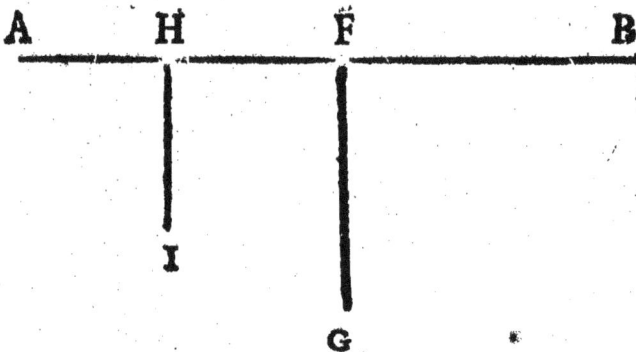

A   H   F   B

I

G

Quittons la fimple théorie pour paffer à la théorie pratique.

CHAPITRE IV.

Les Diapasons d'épaisseur du bord des Cloches.

Nous sortons d'un genre d'harmonie pour entrer dans un autre, & nous quittons la théorie pour embrasser la théorie pratique. Il falloit d'abord exposer cette partie capitale telle qu'elle est conçue dans ce que je vous ai envoyé. Dans les autres Arts, comme l'Architecture, la Peinture, la Sculpture, &c. les goûts ne sont pas les mêmes, & les Maîtres peuvent exceller chacun dans leur genre, & peuvent être également goûtés : on est même naturellement incliné à leur passer certains défauts lorsqu'ils ne dérogent point à la beauté de l'exécution. Mais dans cet Art-ci, où la moindre partie est essentielle, sur-tout en fait d'harmonie, l'oreille ne pardonne rien, pas même un *comma*, que je suppose être de la dixieme partie d'un ton. Il est question à présent de traiter d'autres choses qui sont les diapasons d'épaisseur, de poids & de diametres, parceque c'est là-dessus que l'on regle toutes les mesures des Cloches pour les hauteurs, largeurs, & épaisseurs qu'elles doi-

vent avoir, & que l'on fixe la dépense
qu'on y veut faire relativement à ce qu'elles doivent peser. Nous commençons par
les épaisseurs de leur bord au moyen d'un
diapason » qui doit former des bords, des
» épaisseurs si justes, dit le P. Mersenne
» Religieux Minime, que l'on n'y pourra
» rien ajouter, & que les Fondeurs ne
» manqueront jamais à donner de par-
» faits accords à toutes les Cloches qu'ils
» entreprendront. C'est en supposant avec
eux que la plus petite cloche ne pese que
vingt-cinq livres sur sept lignes d'épaisseur,
que ce grand Harmoniste du dernier sie-
cle, a dressé le diapason ci-après pour
des cloches du poids de vingt-cinq livres,
au poids de 22276 livres. Comme je crois
avoir lû dans ses Ouvrages qu'il veut qu'on
s'en tienne aux méthodes qu'il donne, par
préférence à ses modeles où l'on ne peut
garantir le burin du Graveur, vous ne
trouverez pas mauvais, Monsieur, que je
vous donne avis que la planche que j'ai
tirée d'après lui n'est pas exacte, & que
je ne vous la propose qu'afin que le Fondeur voie la maniere d'en exécuter d'autres tels qu'il voudra avec la méthode que
je vais expliquer, & où je reprens la Table
harmonique, en ne faisant usage que des
moindres termes dont elle est composée,
parceque je commence par *ut aigu* pour

descendre à *ut grave*, & que les moindres termes appartiennent toujours aux plus fortes cloches, tandis que les plus grands termes sont pour les plus petites. Ceci dit une fois pour toutes, il s'ensuit que la seconde majeure ou *si* bemol, en partant d'*ut aigu* doit être plus épaisse en son bord que ne l'est cet *ut* d'une huitieme partie, & la seconde mineure ou *si naturel* d'une neuvieme partie; la *tierce majeure*, en partant toujours d'*ut* aigu, devra être plus épaisse en son bord d'un quart que ne l'est *ut*; la *tierce mineure* d'un cinquieme; la *quarte* d'un tiers; la *quinte* de moitié; la *sixieme majeure* ou *mi bemol*, de deux tiers; la *sixieme mineure* ou *mi-naturel*, de trois cinquiemes; la *septieme majeure* ou *ut dieze*, de sept huitiemes; la *septieme mineure* ou *re*, de quatre cinquiemes de bords plus que *ut aigu*; & enfin *ut grave*, portera le double.

PREMIER DIAPASON.

Ut *aigu de* 7 *lignes ou* 84 *fecondes.*

COMME le *fi naturel* eft plus épais d'un neuvieme que *ut aigu*, qui porte 7 lignes en fon bord, en fuivant fa proportion qui eft de 10 à 9, & que la neuvieme partie de 7 lignes ou de 84ᶜ eft de 9ᶜ un peu plus (nous mettons 12 fecondes à la ligne & 10 tierces à la feconde) ; il s'enfuit que le bord marqué *B fi* doit porter 7 lignes 9 fecondes un peu plus, tandis que le bord *A ut* ne porte que 7 lignes.

Le *la* ou la *tierce mineure* ; comme fa proportion harmonique eft de 6 à 5, il doit porter 7 lignes plus le cinquieme de 7ˡ ou de 84 fecondes, autrement 17ᶜ qui valent 1ˡ 5ᶜ, lefquelles ajoutées à 7 lignes donneront 8ˡ 5ᶜ en *C la*. (Nous marquerons déformais les lignes par une petite l à côté du chiffre, les fecondes par une f, & les tierces par un t.

Le *fol* qui eft la quarte, par rapport à la raifon de 4 à 3, doit porter 7ˡ plus le tiers de 7ˡ qui eft de 28ᶜ, ou 2ˡ 4ᶜ; fon épaiffeur fera parconféquent de 9ˡ un tiers ou 4ᶜ qui fera l'épaiffeur de *D fol*.

L'épaiffeur du *fa* qui eft la *quinte* en defcendant fera de 10ˡ 6ᶜ en *A fa*, parcequ'étant en proportion de 3 à 2, il doit être plus épais de moitié que *ut aigu*. (C'est ici le *hîc meta* de M. Pluche).

Le bord de la *sixieme mineure* ou *mi naturel*, est en raison de 8 à 5 ; c'est trois fois le cinquieme de 7' ou de 84' qui font 51' ou 41' 3', qui jointes à 7' donneront 11' 3' pour son bord *B mi*.

Celui de la *septieme mineure* en *C re*, est dans la comparaison de 9 à 5, & doit porter 4 cinquiemes de plus que *ut aigu* ; or quatre fois le cinquieme de 84' font de 68' ou 5' 8', qui avec 7' feront 12' 8'.

Ut grave sera plus épais que *ut aigu* du double qui est de 14', par sa proportion de 2 à 1.

Quand bien même, Monsieur, le diapason du P. Mersenne auroit toute l'exactitude requise de la part du Graveur, j'y trouverois encore une insuffisance, en ce qu'il ne renferme que le genre diatonique pour faire un carillon en ton majeur, & que cependant le genre chromatique pour jouer des airs en ton mineur, ne seroit point un hors-d'œuvre. On se trouve donc par cette raison obligé à donner le tout.

Ainsi le *si bemol* aura dans son bord 7' & 10 à 11'.

Le *la bemol* ou *sol dieze* aura dans son bord 8' trois quarts ou 9'.

Le *mi bemol* ou *sixieme majeure* qui se

forme de la raifon de 5 à 3 nous donne deux tiers de 84ᶜ pour épaiſſeur de bord, leſquels deux tiers font 56ᶜ ou 4ᵖ 8ᶜ leſquels jointes à 7ᵖ font 11ᵖ 8ᶜ.

Le *re bemol* ou *l'ut dieze* qui ſe forme de la proportion de 15 à 8, fait trouver 13ᵖ 1ᶜ pour ſon épaiſſeur; le huitieme de 84ᶜ eſt 10. Or 7 fois ce huitieme qui eſt 7 fois 10, donneront 70ᶜ ou 5ᵖ 10ᶜ; mais il reſte la fraction $\frac{4}{8}$: comme une ſeconde contient 10 tierces, je diviſe ces 10 tierces par 8, le quotient eſt 1, que je multiplie par 4, revient 4. Je multiplie enſuite 4 par 7, revient 28 pour derniere quantité; or 28 tierces font 2ᶜ 8ᵗ, c'eſt tout près de 3ᶜ; donc 7ᵖ plus 5ᵖ 10ᶜ plus 3ᶜ égalent 13ᵖ 1ᶜ.

Nota. 1°. Comme la diviſion regnera preſque dans toutes les parties de cet Ouvrage, nous aurons ſoin de prendre pour quotient, quand on ne pourra faire autrement, le nombre le plus approchant du dividende, afin d'éviter les petites fractions.

2°. Quant au diapaſon, l'Ouvrier fera bien de le dreſſer ſur un bon parchemin & ſe diſpenſer d'y joindre le poids de ſes Cloches : il les trouvera dans les Tables que je donnerai, on ne parle ici que des épaiſſeurs.

3°. Comme le *ſi mineur* & le *mi mineur* ſont un peu aigres de leur nature, quand on ne voudra que l'octave diatoni-

B iiij

que composée de huit Cloches, on pourra
augmenter la nuance de leurs tons par un
rien d'épaisseur prise entre le *si mineur* &
le *si majeur*, & pour le *mi* de même ; ces
deux tons en seront un peu mieux nourris
& ne dérangeront en rien l'harmonie.

4°. Mais dans le genre chromatique,
où l'octave est de douze Cloches, il faudra
nécessairement que le tout soit dans son
épaisseur naturelle.

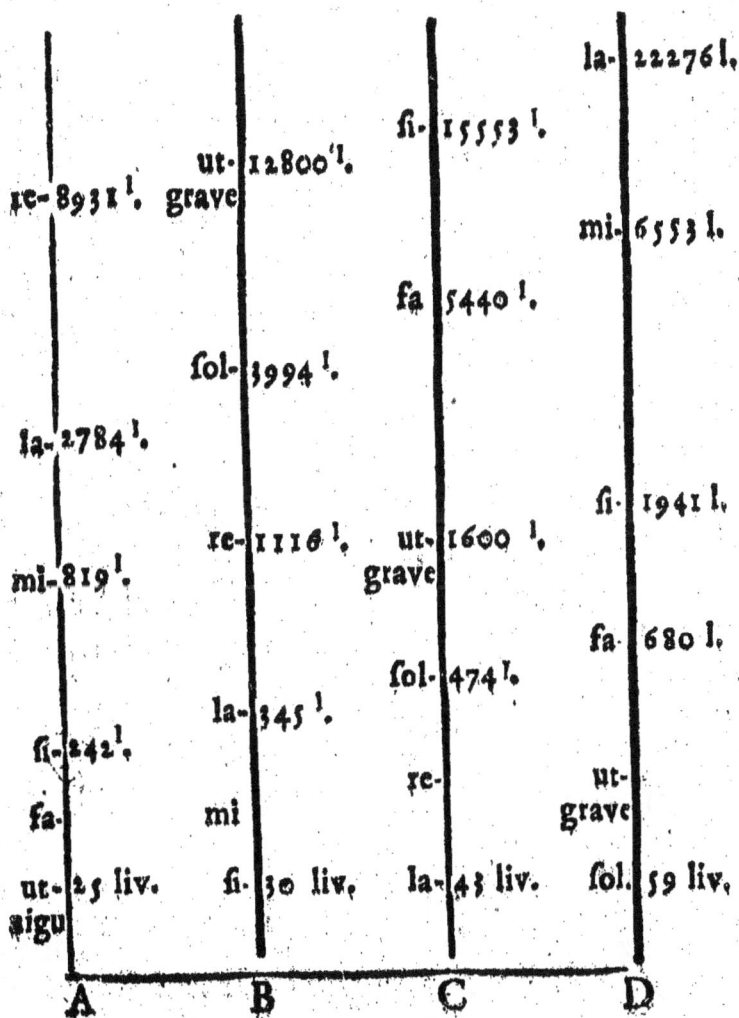

A	B	C	D
			la- 22276 l.
		fi- 15553 l.	
	ut- 12800 l. grave		
re- 8931 l.			mi- 6553 l.
		fa 5440 l.	
	sol- 3994 l.		
la- 2784 l.			
			fi- 1941 l.
	re- 1116 l.	ut- 1600 l. grave	
mi- 819 l.			
			fa- 680 l.
		sol- 474 l.	
	la- 345 l.		
fi- 242 l.		re-	ut- grave
fa-	mi		
ut- 25 liv. aigu	fi- 30 liv.	la- 43 liv.	sol- 59 liv.

A   B   C   D

CHAPITRE V.

Du second diapason de l'épaisseur du bord des Cloches.

Ut aigu de 8 lignes ou 96 secondes.

PREMIER OCTAVE.

LE *si naturel* ou seconde mineure en descendant d'*ut* aigu est en proportion de 10 à 9, suivant la Table harmonique; la neuvieme partie de 96ˡ est de 10, ce sont dix secondes qu'il faut ajouter : mais il reste 6ˡ, qui réduites en tierces donneront la moitié d'une seconde. Ainsi $8^l + 10^f \frac{1}{2} = 8^l \ 10^f \frac{1}{2}$.

Nota. Ce signe + est la marque de l'addition, & veut dire *plus*; cet autre signe = signifie le *produit*, & cet autre signe × veut dire *multiplié* par le chiffre suivant, & est le caractere de la multiplication. Je me servirai par-tout de ces trois caracteres afin d'abréger, & d'éviter les redites.

Le *si bemol*, ou *seconde majeure* : il est en raison de 9 à 8. Je ne fais donc qu'ajouter à *ut aigu* sa huitieme partie, & j'aurai 9ˡ pour ce ton-ci.

Le *la* ou *tierce mineure* est en proportion de 6 à 5. La cinquieme partie de 8ˡ eſt d'abord 1^l, reſtent enſuite 3^l ou 36^f, dont la cinquieme partie eſt 7^f : donc 9^l + 7^f formeront ici mon épaiſſeur.

Le *ſol* ✕ ou *tierce majeure* qui eſt de 5 à 4, veut que je lui donne le quart de plus qu'à *ut aigu*, c'eſt-à-dire 2^l pour faire 10^l d'épaiſſeur.

Le *ſol naturel* ou la *quarte* qui eſt de 4 à 3, demande pour ſon épaiſſeur le tiers de plus que la premiere Cloche, c'eſt-à-dire, le tiers de 6^l qui eſt 2^l, plus le tiers de 2^l ou de 24^f qui eſt 8^f : il aura donc pour ſon bord 10^l 8^f ou deux tiers de ligne.

Le *fa* ou la *quinte* eſt en proportion de 3 à 2, le bord de cette Cloche eſt de moitié plus épais que la premiere, & portera 12^l.

Le *mi naturel* ou *ſixte mineure* eſt en raiſon de 8 à 5 : la Cloche qui forme ce ton doit parconſéquent porter 57^f ou 4^l 9^f, parceque la cinquieme partie de 96 la plus approchante eſt 19, qui, multiplié par 3, donne 57^f : donc 8^l + 4^l + 9^f = 12 lignes 9^f ou trois quarts de ligne.

Le *mi bemol* ou *ſixte majeure* eſt en proportion de 5 à 3, c'eſt le tiers de 96^f pris deux fois, que la Cloche qui eſt pour ſonner ce ton doit avoir pour ſon épaiſſeur. Or les deux tiers de 96 ſont de 64^f ou de 5^l 4^f; ainſi 8^l + 5^l + 4^f = 13^l 4^f ou un tiers de ligne.

Le *re* qui eft la *feptieme mineure*, eft en proportion de 9 à 5 ; le cinquieme de 96^f le plus approchant eft 19 : & 19 quatre fois répété fait 76^f ou 6^l 4^f, parconféquent c'eft pour épaiffeur 8^l + 6^l + 4^f = 14^l 4^l.

La *feptieme majeure* ou *ut* ✕, eft en proportion de 15 à 8, le huitieme de 8^l eft 1^l, qui répété fept fois fait 7^l, c'eft-à-dire, 8^l + 7^l = 15^l.

Ut grave ou *octave* eft du double d'*ut aigu*, c'eft-à-dire, eft de 16^l.

SECONDE OCTAVE.

J'ai déja dit, dans le troifieme Chapitre, que pour trouver les doubles octaves de tons en tons, il ne falloit que doubler les plus grands termes, fucceffivement en defcendant d'*ut* aigu à *ut* grave, tels qu'ils fe rencontrent dans la Table du Chapitre premier, puifque d'une octave à l'autre le tout eft double tant en tons qu'en épaiffeurs. C'eft une pratique dont nous nous fervirons ; mais, pour en faire voir en même tems la juftesse, nous calculerons la double octave, qui va fuivre, fur la Table harmonique,

Le *fi naturel* ou *neuvieme mineure* : fa proportion eft de 32 à 15, ou bien de 20 à 9, nous prendrons cette derniere pour notre opération, la différence de 9 à 20 eft 11, Cette différence, ainfi que toutes les au-

tres qui fe trouveront dans les proportions ci-deffous, ferviront à la multiplication. Pour trouver l'épaiffeur de cette
Cloche-ci, je demande en 96^f combien
de fois 9? il y eft dix fois & reftent 6^f
que je retiens à part; enfuite je multiplie 10^f par 11 qui eft la différence de 9
à 20; le produit eft 110^f, lefquelles divifées par 12 pour faire des lignes donnent
9^l, & il refte 2^f que je retiens auffi à part
avec les fix autres fecondes, ce qui fera
9^l 8^f lefquelles ajoutées aux huit d'*ut* aigu
feront 17^l 8^f double du *fi mineur* de la
premiere octave.

Le *fi bemol* eft de 9 à 4; le quart de 8^l
eft 2^l, qui répété cinq fois, la différence
de 9 à 4 étant 5, font 10^l; & avec 8^l d'*ut*
aigu on aura pour épaiffeur 18^l qui eft le
double jufte du *fi bemol* de la premiere
octave.

Le *la* ou *dixieme mineure* a la proportion de 12 à 5, dont la différence eft de
7. Or la cinquieme partie de 8^l eft 1 &
reftent 3^l de 36^f, dont la cinquieme partie eft de 7^f: le tout multiplié par 7 fera
19^l 2^f, double d'épaiffeur de fon octave
aigu.

Le *fol*✕ ou *dixieme majeure* eft de 5 à
2, dont la différence eft 3: fon épaiffeur
fera de trois fois 4^l moitié de 8, qui feront 12^l, lefquelles mifes à la fuite des 8^l

d'*ut* aigu donneront juste 20ˡ, qui feront le double de l'octave aigüe.

Le *sol naturel* est de 8 à 3, la différence est 5 : c'est donc cinq fois le tiers de 8ˡ qu'il faut pour son épaisseur, c'est-à-dire 13ˡ 4ᶜ, qui jointes aux 8ˡ d'*ut* aigu, donneront 21ˡ 4ᶜ, double juste de son octave.

Le *fa* ou la *douzieme* est de 3 à 1 : la différence qui est de 2 donnera deux fois 8ˡ, qui avec les 8ˡ *d'ut* aigu feront une épaisseur de 24ˡ qui sont le double de *fa aigu*.

Le *mi naturel* ou *treizieme mineure* a sa proportion de 16 à 5 : la différence entre ces deux termes est 11 ; or le cinquieme de 8ˡ est 1ˡ, restent 3ˡ ou 36ᶜ dont le cinquieme est de 7ᶜ, reste encore 1ᶜ que je retiens à part. Le tout multiplié par 11 fait 17ˡ 5ᶜ + 1ᶜ que j'ai retenue à part : ainsi 17ˡ 6ᶜ + 8ˡ d'*ut* aigu, c'est l'épaisseur que je donne à ma Cloche, qui sera de 25ˡ & ½ double de son octave.

Le *mi bemol* ou *treizieme majeure* est en proportion de 10 à 3 : la différence qui est de 7 exprime qu'il faut joindre avec 8ˡ d'*ut* aigu, sept fois le tiers de ce même *ut* : or le tiers de 6ˡ est 2ˡ, & le tiers de 2ˡ est 8ᶜ : le tout multiplié par 7 fait la quantité de 18ˡ 8ᶜ, laquelle jointe aux 8ˡ d'*ut* aigu, fait l'épaisseur que je cherche 26ˡ 8ᶜ, juste double de son octave.

Le *re naturel* ou *quatorzieme mineure* eſt en raiſon de 18 à 5, dont la différence eſt 13 pour multiplicateur ; le cinquieme de 8ᵗ eſt 1ᵗ, reſtent 3ᵗ qui valent 36ᶠ, dont la cinquieme partie eſt 7ᶠ; reſte encore 1ᶠ que je réſerve à part : le tout multiplié par 13 donne 20ᵗ 7ᶠ ╼ 1ᶠ que j'ai retenue ═ 20ᵗ 8ᶠ, leſquelles ajoutées aux 8ᵗ d'*ut* aigu donnent pour épaiſſeur 28ᵗ 8ᶠ double juſte de ſon octave.

Ut dieʒe ou *quatorzieme majeure* eſt en raiſon de 15 à 4 ; la différence de ces deux termes qui eſt 11 ſervira de multiplicateur : or le quart de 8ᵗ eſt 2ᵗ, leſquelles multipliées par 11, en y joignant les 8ᵗ d'*ut* aigu donneront le bord de 30ᵗ, qui eſt le double de ſon octave.

Ut grave eſt en raiſon de 4 à 1 : la différence qui eſt 3, dénote qu'il faut donner à l'*ut* aigu trois fois ſon épaiſſeur en ſus qui font 32ᵗ qui eſt double de ſon octave.

CHAPITRE VI.

Tables des Diapasons tout calculés.

Sur un Ut aigu de 9 lignes.

Cloches,	Lignes.	Secondes,	Tierces.
Ut	9		
ſi	10		
ſi ‡	10	1	5
la	10	9	6
ſol ✕	11	3	
ſol	12		
fa	13	6	
mi	14	4	8
mi ‡	15		
re	16	2	4
ut ✕	16	10	5
ut grave	18		

Double Octave.

Cloches,	Lignes,	Secondes,	Tierces.
Ut aigu	18		
ſi	20		
ſi ‡	20	3	
la	21	7	2
ſol ✕	22	6	
ſol	24		
fa	27		
mi	28	9	6
mi ‡	30		
re	32	4	8
ut ✕	33	9	
ut grave	36		

Sur un Ut aigu de 10 lignes.

Cloches,	Lignes,	Secondes,	Tierces.
Ut	10		
si	11	1	3
si ‡	11	3	
la	12		
sol X	12	6	
sol	13	4	
fa	15		
mi	16		
mi ‡	16	8	
re	18		
ut X	18	9	
ut grave	20		

Double Octave.

Cloches,	Lignes,	Secondes,	Tierces.
Ut aigu	20		
si	22	2	6
si ‡	22	6	
la	24		
sol X	25		
sol	26	8	
fa	30		
mi	32		
mi ‡	33	4	
re	36		
ut X	37	6	
ut grave	40		

sur

Sur un Ut aigu de 11 lignes.

Cloches,	Lignes,	Secondes,	Tierces.
Ut aigu	11		
fi	12	2	6 à 7
fi ♯	12	4	5
la	13	2	4
fol ✗	13	9	
fol	14	8	
fa	16	6	
mi	17	7	2
mi ♯	18	4	
re	19	9	6
ut ✗	20	7	5
ut grave	22		

Double Octave.

Cloches,	Lignes,	Secondes,	Tierces.
Ut	22		
fi	24	5	4
fi ✗	24	9	
la	26	4	8
fol ✗	27	6	
fol	29	4	
fa	33		
mi	35	2	4
mi ♯	36	8	
re	39	7	2
ut ✗	41	3	
ut	44		

C

Sur un Ut aigu de 12 lignes.

Cloches,	Lignes,	Secondes,	Tierces.
Ut aigu	12		
si	13	4	
si ‡	13	6	
la	14	4	8
sol X	15		
sol	16		
fa	18		
mi	19	2	4
mi ‡	20		
re	21	7	2
ut X	22	6	
ut grave	24		

Double Octave.

Cloches,	Lignes,	Secondes.	Tierces.
Ut	24		
si	26	8	
si ‡	27		
la	28	9	6
sol X	30		
sol	32		
fa	36		
mi	38	4	8
mi ‡	40		
re	43	2	4
ut X	45		
ut	48		

Sur un Ut aigu de 13 lignes.

Cloche,	Lignes	Secondes,	Tierces
Ut aigu	13		
si	14	5	3
si ‡	14	7	5
la	15	7	2
sol ✗	16	3	
sol	17	4	
fa	19	6	
mi	20	9	6
mi ‡	21	8	
re	23	4	8
ut ✗	24	4	5
ut grave	26		

Double Octave.

Cloche,	Lignes,	Secondes,	Tierces
Ut aigu	26		
si	28	10	6
si ‡	29	3	
la	31	2	4
sol ✗	32	6	
sol	34	8	
fa	39		
mi	41	7	2
mi ‡	43	4	6
re	46	9	6
ut ✗	48	9	
ut	52		

Sur un Ut aigu de 14 lignes.

Cloche,	Lignes,	Secondes,	Tierces.
Ut aigu	14		
fi	15	6	7
fi ♯	15	9	
la	16	9	6
fol ✖	17	6	
fol	18	8	
fa	21		
mi	22	4	8
mi ♯	23	4	
re	25	2	4
ut ✖	26	3	
ut	28		

Double Octave.

Cloche,	Lignes,	Secondes,	Tierces.
Ut aigu	28		
fi	31	1	2
fi ♯	31	6	
la	33	7	2
fol ✖	35		
fol	37	4	
fa	42		
mi	44	5	4
mi ♯	46	8	
re	50	4	8
ut ✖	52	6	
ut	56		

Sur un Ut aigu de 15 lignes.

Cloche,	Lignes,	Secondes,	Tierces,
Ut aigu	15		
si	16	8	
si ♯	16	10	5
la	18		
sol ✗	18	9	
sol	20		
fa	22	6	
mi	24		
mi ♯	25		
re	27		
ut ✗	28	1	5
ut	30		

Double Octave.

Cloche,	Lignes,	Secondes,
Ut aigu	30	
si	33	4
si ♯	33	9
la	36	
sol ✗	37	6
sol	40	
fa	45	
mi	48	
mi ♯	50	
re	54	
ut ✗	56	3
ut	60	

Sur un Ut aigu de 16 lignes.

Cloche,	Lignes,	Secondes,	Tierces.
Ut aigu	16		
fi	17	9	3
fi ‡	18		
la	19	2	4
fol ✕	20		
fol	21		
fa	24		
mi	25	7	5
mi ‡	26	8	
re	28	10	
ut ✕	30		
ut	32		

Double Octave.

Cloche,	Lignes,	Secondes,	Tierces.
Ut aigu	32		
fi	35	6	6
fi ‡	36		
la	38	4	8
fol ✕	40		
fol	42	8	
fa	48		
mi	51	3	
mi ‡	53	4	
re	57	8	
ut ✕	60		
ut	64		

Sur un Ut aigu de 17 lignes.

Cloches,	Lignes,	Secondes,	Tierces.
Ut	17		
ſi	18	10	6 à 7
ſi ♯	19	1	5
la	20	4	8
ſol 𝄪	21	3	
ſol	22	8	
fa	25	6	
mi	27	2	4
mi ♯	28	4	
re	30	7	2
ut 𝄪	31	10	5
ut grave	34		

Double Octave.

Cloches,	Lignes,	Secondes,	Tierces.
Ut aigu	34		
ſi	36	11	4
ſi ♯	38	3	
la	40	9	6
ſol 𝄪	42	6	
ſol	45	4	
fa	51		
mi	54	4	8
mi ♯	56	8	
re	61	2	4
ut 𝄪	63	9	
ut grave	68		

C iv

Quand l'ouvrier voudra avoir des Vaiſſeaux de plus forts calibres, il n'aura qu'à prendre ce dernier *ut* qui eſt de 68 ſec. & en faire ſon *ut* aigu, pour calculer de Cloche en Cloche, tant qu'il jugera à propos, à l'aide de la premiere colomne de la Table harmonique : il ſe diſpenſera d'y ajouter une double octave, qui ſeroit trop forte.

Tout ce que j'ai dit juſqu'ici, ne convient que pour des Cloches dont les bords contiennent des pouces ou des lignes ſans fractions; mais voici une méthode courte & abregée pour de vieilles Cloches à refondre qui auroient dans leurs bords des demi-lignes, des tiers, des quarts de lignes.

Cette Méthode conſiſte d'abord à tracer 12 lignes perpendiculaires aux deux lignes A, B, C, D, & paralleles entre elles, leſquelles repréſentent toutes le bord d'*ut* aigu dans ſon épaiſſeur.

Enſuite de quoi, pour trouver les épaiſſeurs des 11 autres Cloches, il faut diviſer toutes ces perpendiculaires en la maniere qui ſuit.

1°. On diviſe la ligne E 2, en 9 parties égales, dont une partie étant abaiſſée ſur la ligne ſourde 2 *ſi*, formera 10 parties contre 9, & en même-tems la proportion de 10 à 9, qui eſt celle du *ſi*, ſeconde mineure.

2°. La ligne F 3, se divise en 8 parties égales, dont l'une étant portée du point 3, au point *si* bemol, donnera 9 parties contre 8, & tout à la fois la proportion de 9 à 8, qui est celle de la seconde majeure.

3°. La perpendiculaire G 4, se divise en 5 parties, dont l'une étant portée sur la ligne sourde du point 4 au point *la*, donnera l'épaisseur allongée de 6 parties au lieu de 5, & formera dès-là même la raison de 6 à 5, qui appartient à *la* tierce mineure.

4°. La parallele H 5, étant partagée en 4 parties, & l'une de ces parties étant abaissée du point 5 au point *sol* dieze, donnera une épaisseur de bord qui portera 5 pour 4, & qui dès-lors formera la raison de 5 à 4, qui est celle de la tierce majeure ou *sol* dieze.

5°. La ligne I 6, sera divisée en 3 ; un troisieme sera piqué du point 6 au point *sol*, ce qui donnera 4 parties pour 3 au *sol* naturel, & pour lors la proportion de 4 à 3 qui est celle de la quarte.

6°. On divise k 7 en 2, dont moitié étant abaissée du point 7 en *fa*, l'on aura 3 moitiés pour 2, & la raison par conséquent de 3 à 2 pour la quinte.

7°. Pour avoir l'épaisseur du *mi* naturel, on partage en 5 parties égales la ligne

L 8, ou plutôt on prend une ouverture de compas des points 4 & *la* (ligne 4ᵉ) que l'on porte 3 fois du point 8 au point *mi*, ce qui fera 8 parties, au lieu de 5 ; & en même-tems la raison de 8 à 5 pour la fixieme mineure.

8°. Quant au *mi* bemol, on divife en 3 la ligne M 9 ; & fans changer l'ouverture du compas, on la porte 2 fois du point 9 au point *mi* bemol, pour avoir l'épaiffeur de cette Cloche, & la proportion de 5 à 3, pour la fixieme majeure.

9°. Pour ce qui concerne le *re* on partage en 5 parties la ligne N 10, ou plutôt l'on prend au compas l'ouverture de 4 en *la*, que l'on porte enfuite 4 fois du point 10 au point *re*, ce qui donne 9 parties au lieu de 5, & la raifon de 9 à 5 pour le *re*, feptieme mineure.

10°. Nous voici à l'épaiffeur de l'*ut* dieze : on divife en 8 la ligne O 11, & l'on abaiffe 7 fois l'ouverture de fon compas du point 11 au point *ut* dieze, ce qui donne 15 parties contre 8, & la proportion de 15 à 8 pour la feptieme majeure.

11°. *Ut* grave B D *ut*, eft double de la ligne de *ut* aigu A, C.

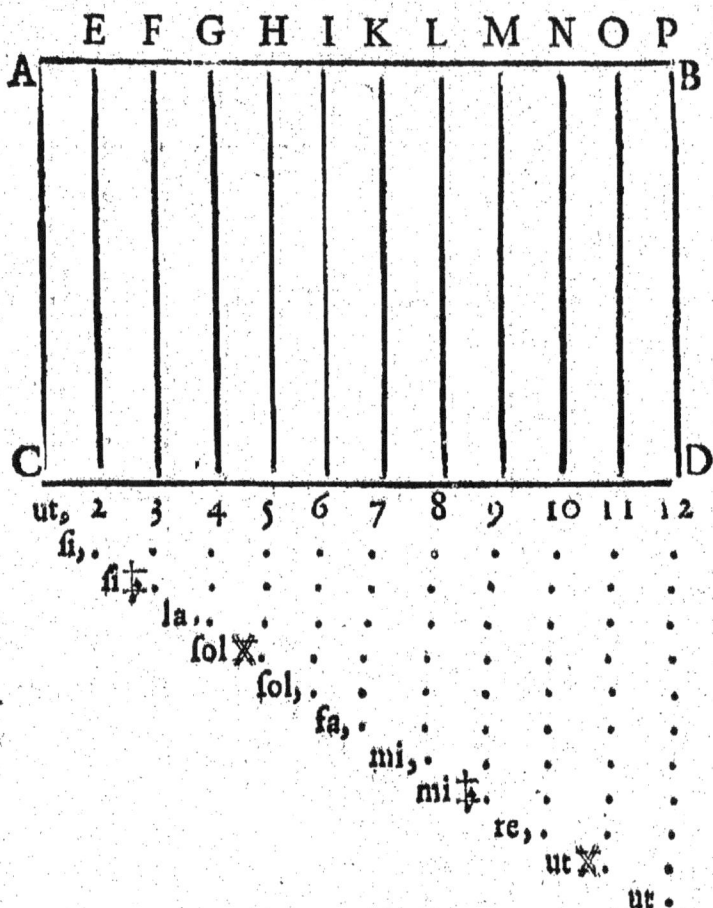

Ici, l'on découvre que cette échelle, quoiqu'elle paroisse de pur méchanisme, est néanmoins autant théorique que pratique, puisqu'elle est fondée sur les principes invariables de l'harmonie.

Les points A *ut*, E *si*, F *si* bemol, G *la*, H *sol* dieze, I *sol*, K *fa*, L *mi*, M *mi* bemol, N *re*, O *ut* dieze, P *ut* font l'étendue des épaisseurs d'une octave composée de 12 Cloches.

CHAPITRE VII.

Nouveaux éclaircissemens pour la pratique touchant les épaisseurs des Cloches.

LES regles que nous avons établies jusqu'ici pour la justesse des bords ou épaisseurs de Cloches sont si sûres, qu'il n'en faudroit point d'autres; cependant, après avoir fixé le diametre de ces mêmes Cloches sur ces mêmes bords, nous nous proposons dans ce Chapitre, de donner de nouveaux éclaircissemens de pure pratique en faveur de l'Artiste touchant ces mêmes épaisseurs. Et d'abord je saisis l'idée du Pere Mersenne, qui est d'évaluer à 180 parties égales le diametre d'*ut* grave & à 90 celui d'*ut* aigu; à 162 parties le diametre du *re*, & à 144 celui du *mi*; à 135 celui du *fa*, & celui du *sol* à 120; enfin, à 108 parties le diametre du *la*, & à 96 celui du *si*. Mais, comme nous voulons connoître les choses à fond, nous cherchons une démonstration de parité entre les regles de l'harmonie & cette évaluation; & nous croyons l'avoir trouvée.

Il est bon seulement d'avertir nos Lecteurs, que l'usage que nous faisons ici de cés Regles harmoniques, eſt inverſe de celui que nous en avons fait pour trouver nos épaiſſeurs; c'eſt-à-dire, que nous renverſons la Table des proportions harmoniques, *Chap. premier*, ſens deſſus deſſous, comme il eſt aiſé de le voir à la Table qui ſuit.

Octave de 8 Cloches.

	ut, grave	re,	mi,	fa,	ſol,	la,	ſi,	ut, aigu
Nombres harmoniques.	10 à 9,	5 à 4,	4 à 3,	3 à 2,	5 à 3,	15 à 8,	2 à 1	
Evaluation.	180,	162,	144,	135,	120,	108,	96,	90,

Preuve de parité.

Elle conſiſte à établir d'abord pour premier & troiſieme termes les deux nombres harmoniques de chaque ton l'un après l'autre, & à trouver enſuite pour ſecond & moyen terme, un troiſieme nombre,

qui étant replié, par exemple, 10 fois sur
le numero 180, puisse se replier 9 fois
sur un autre nombre qui sera le quatrieme
terme & la somme que l'on cherche : *Ut*
grave, selon la supposition, a pour son
diametre une ligne composée de 180 parties, & *ut* aigu une ligne qui n'est composée que de moitié, c'est-à-dire, de 90
parties.

Venons au fait pour les six autres diametres.

On demande le diametre du *re*. Voici
ce qu'il faut : on jette les yeux sur les
nombres harmoniques ci-dessus, 10 à 9,
qui appartiennent à ce ton ; & l'on dit :
9 est au nombre cherché ce que 10 est à
180 : or 10 se replie 18 fois sur 180,
puisque 18 fois 10 remplissent ce nombre ; donc 9 replié 18 fois sur 162 font
le n° que l'on cherche, puisque 9 fois
18 remplissent ce nombre, qui est juste
celui de l'évaluation en *re* ci-dessus.

Le *mi* a 5 pour premier terme & 4
pour le troisieme ; le second terme est
celui dont on dit : 4 est au nombre in-
connu que l'on cherche, comme 5 est à
180 ; & c'est ce nombre qui, dès qu'il
sera connu & qu'il sera multiplié par 4,
donnera l'étendue du diametre : or 5 est
36 fois en 180, & 36 multiplié par 4,
donne 144 qui est le numero, & le dia-

metre du *mi*. Voyez l'Évaluation.

Fa a pour premier terme le nombre 4 & 3 pour le troifieme. Le terme moyen ou terme de rapport eft 45, puifque 4 fois 45 égalent 180; donc 135 fera le numero cherché pour le diametre de ce ton, puifque 3 fois 45 font 135.

Le *fol* a 3 pour premier terme & 2 pour le troifieme; le terme de combinaifon fera 60, car 3 fois 60 égalent 180, & 2 fois 60 égalent 120, qui eft l'étendue de fon diametre.

Le premier terme du *la* eft 5 & le troifieme eft 3; le fecond eft 36, puifque 5 fois 36 égalent 180, & le quatrieme terme que l'on defire eft le numero 108, parceque 3 fois 36 = 108.

Le premier terme du *fi* eft 15 & le troifieme eft 8 : le fecond fera 12, car 12 fois 15 = 180, & le quatrieme terme fera 96, car 8 fois 12 = 96. On peut aller jufqu'à 97 afin que le *fi* ne foit point fi aigu.

Cette combinaifon géométrique fait fentir au doigt la plus exacte parité qui fe trouve entre les nombres ou regles de l'harmonie, & l'évaluation du P. Merfenne. Ceci démontré paffons à la pratique.

Echelle ou Diapaſon.

On trouvera ici une Méthode autant expéditive que curieuſe, qui donnera tout à la fois les gros bords qu'on nomme épaiſſeurs, les diametres, & les parties de bords de toute une octave qui ſervent à conſtruire les 13 échantillons. Un ſeul diapaſon ſuffit : l'Artiſte en fera tant qu'il voudra.

Diviſion du grand diametre.

Il lui faut une planche bien liſſe qui puiſſe contenir à l'aiſe une ligne de 15 fois l'épaiſſeur du gros bord de ſon *ut* grave, ſoit qu'il ait à fondre en vieux ou en neuf. Il partage la longueur de cette ligne en 4 parties exactement juſtes, & écrit à côté de chaque diviſion les nume-ros 45, 90, 135 & 180 en deſcendant : cela fait, il diviſe chacune de ces portions de ligne par 3 qu'il numerote par les chif-fres 15, 30, 60, 75, 105, 120, 150 & 165 ; après quoi il rediviſe le tout par 5, & & fait les numeros 5, 10, 20, 25, 35, 40, 50, 55, &c. juſqu'au bout ; enfin il choi-ſit en haut de ſa ligne une ou deux de ſes dernieres diviſions qu'il partage par 5 afin d'avoir des unités.

Détermination

Détermination de tous les Diametres.

Toute l'opération faite, il écrit son *ut* aigu à côté du n° 90; son *ut* grave à côté du n° 180; son *fa* vis-à-vis du n° 135, son *sol* vis-à-vis du n° 120, & *si* bemol au n° 100 : voilà déja cinq cloches numerotées pour leur diametre. Pour trouver le diametre des autres, il faut qu'il recourre aux unités : il prend au compas l'une de ces unités qu'il diminue sur le n° 145 pour avoir la place du *mi* au n° 144; il diminue de même le n° 150 d'une unité pour avoir *mi* bemol au n° 149; mais il ajoute une unité au n° 125 pour placer son *fa* dieze au n° 126 : son compas ensuite étant ouvert de deux unités, il les porte du n° 95 à celui de 97 pour son *si*; du n° 110 à 112 pour le *sol* dieze; du n° 160 à 162 pour son *re*, & du n° 170 à celui de 172 pour son *ut* dieze : pour le *la*, il ouvre son compas de trois unités qu'il porte du n° 105 au n° 108. Tout est fini pour les 13 diametres, car A 90, A 97, A 100, A 108, A 112, A 120, A 126, A 135, A 144, A 149, A 162, A 172, & A 180 constituent leur étendue. Il aura soin d'écrire tous les tons proche des numeros.

D

Echelle pour les bords d'une octave de 13 Cloches.

Il est question à présent d'avoir tous les gros bords d'une octave de 13 Cloches; & cela sera bientôt fait. Je trace un trait à l'équerre sur mon numero 180 qui figure l'épaisseur ou gros bord de ma maîtresse cloche; j'en trace un autre aussi à l'équerre, qui ne porte que moitié de celui-là sur mon nº 90, qui est pour le gros bord de ma plus petite des 13 cloches; après quoi des points 90 & 180, je tire à la regle la ligne diagonale A C B, & c'est cette diagonale, qui conjointement avec ma ligne divisée en diametres, doit fixer toutes mes épaisseurs de bords; de sorte que les numeros 97, 100, 108, 112, 120, 126, 135, 144, 149, 162, & 172 mis & tracés à l'équerre, doivent faire mes vraies épaisseurs entre ces deux lignes aux points d'incidence de ces mêmes numeros sur les deux lignes.

Si l'on veut se donner le plaisir de confronter les lignes qui sont en équerre sur *a*, *c*, & qui ont leurs parties retranchées en *b*, *d*, avec les traits correspondans 120, 135, 144, & 162, l'on trouvera que le tout est exactement juste. On trouvera la même justesse si l'on confronte de même les lignes ponctuées *g,h*, les traits qui font ajoutées en équerre fur *e, f*, avec les traits correfpondans des numeros 97, 100, 108, 112, 149 &172.

On jugera à l'infpection des lignes qui font à main droite, que l'*ut* grave fe divife en 10 parties, dont on n'en donne que neuf au *re* pour faire l'épaiffeur de fon bord ; qu'étant divifé en 5 parties, on n'en donne que 4 pour le bord du *mi* ; qu'étant divifé en 4, il fe réduit à 3 pour le bord du *fa*, & qu'enfin divifé en 3 il fe réduit à 2 pour celui du *fol*. Mais il faut ici démontrer que ces fouftractions faites fur l'épaiffeur de *ut* grave font dans la plus grande des exactitudes. Suppofons pour cela que l'épaiffeur ou gros bord de *ut* aigu porte 20 lignes, & *ut* grave 40 lignes : il s'agit de faire voir que retrancher d'une part la dixieme partie d'*ut* grave pour avoir le *re*, la cinquieme partie pour avoir le *mi*, le quart pour avoir le *fa*, & le tiers pour avoir le *fol* ; ou qu'augmenter d'autre part *ut* aigu de quatre fois fon cinquieme pour le *re*, de 3 fois fon cinquieme pour le *mi*, de fa moitié pour le *fa*, & de fon tiers pour le *fol*, cela équivaut & revient au même. *Voyez* la Table harmonique, Chap. I.

Dans la fuppofition préfente *ut* aigu

porte 20 lignes d'épaiſſeur, & *ut* grave
40 lignes. Or, la cinquieme partie de 20
lignes eſt 4, qui répété 4 fois fait 16 lignes : ajoutez ces 16 lignes à 20 lignes ═
36 lignes ; voilà pour la partie d'addition:
Venant enſuite à la partie de ſouſtraction,
retranchez le dixieme de 40 lignes qui eſt
4, reſteront également 36 lignes, c'eſt
pour le *re*. Trois fois le cinquieme des 20
lignes d'*ut* aigu ſont 12 lignes, qui ajoutées à 20 ═ 32 lignes, c'eſt auſſi la partie d'addition : retranchez en même-
tems le cinquieme de 40 lignes d'*ut* grave,
cela ne fera-t-il pas également 32 lignes
pour le *mi*.

Paſſant au *fa*, ajoutez-lui moitié de
20 lignes, cela fera 30 lignes ; diminuez
le quart de 40 lignes cela fera auſſi 30 lignes. Enfin arrivé au *ſol*, augmentez-le du
tiers de 20 lig. il aura pour ſon épaiſſeur
26 lignes $\frac{2}{3}$: diminuez au contraire le tiers
de 40 lignes, qui eſt de 13 lignes $\frac{1}{3}$, cela
ne fera-t-il pas également 26 lignes $\frac{2}{3}$. C'eſt
ce qui étoit à démontrer.

Lors donc qu'on ne demandera au Fondeur que 2, 3, 4, ou 5 Cloches à l'accord,
il pourra, pour abreger, prendre ſes dimenſions ſur *ut* grave, au lieu de les prendre ſur l'*ut* aigu, c'eſt-à-dire, diminuer
ſon *ut* grave d'une dixieme partie, pour le
bord de ſon *re* ; d'un cinquieme pour avoir

le bord de son *mi* ; d'un quart pour avoir le bord du *fa*, enfin diminuer son *ut* d'un tiers de son épaisseur pour avoir celle de sa cinquieme Cloche en *sol*.

Il arrive quelquefois que l'on demande une octave composée de 8 Cloches : dans ce cas, par la Méthode que je viens de donner, le Fondeur tient déja les épaisseurs de *ut*, *re*, *mi*, *fa*, *sol*, & de son *ut* aigu qui n'est que de moitié d'*ut* grave : il n'est donc plus question que du *si* & du *la* ; mais comme la voie de la soustraction à faire sur *ut* grave seroit trop embarrassante à cause des fractions, il faut qu'il s'en tienne à ce que nous avons deja dit, qui est de donner à son *si* la neuvieme partie prise au compas de plus qu'à son *ut* aigu, pour faire 10 parties contre 9, & la cinquieme partie de plus pour en faire 6 contre 5 à son *la* ; & le tout sera fait, sans qu'il se gêne à supputer par lignes, à moins qu'il ne soit obligé de fournir le métal, ou qu'on ne lui demande un état de ce qu'il en doit entrer dans la fonte ; car dans ce cas, il faudroit qu'il comptât par lignes & qu'il eût recours aux tables des lignes, cubes & poids, telles que nous les donnons.

J'en dis autant des diezes & des bemols, qu'il doit tirer de la table des proportions harmoniques, ou de l'échelle que je viens d'expliquer. Par cette table, il faut diviser en 8 parties l'épaiſſeur d'*ut* aigu, & donner ces 8 parties, plus une au *ſi* bemol ; enſuite on diviſe cette même épaiſſeur d'*ut* aigu en 4 parties, dont une étant ajoutée de plus, fera le *ſol* dieze. Que l'on partage enſuite ce même *ut* en 3 parties, & que l'on y en ajoute deux autres, elles feront le bord du *mi* bemol. Nous avons déja le bord d'*ut* partagé en 8, que l'on y ajoute 7 de ces huitiemes, elles feront 15 diviſions ou parties contre 8, & donneront le bord d'*ut* dieze.

Mais comme toutes les Cloches ne ſe font point en 15, c'eſt-à-dire, qu'elles ne portent pas toutes 15 bords dans leurs diametres, contre l'opinion des Fondeurs, le plus court & le plus ſûr eſt de dreſſer une échelle toutes les fois que l'on aura à fondre.

Parties de bords.

Après nous être expliqué ſur les diametres & ſur les épaiſſeurs, il ne nous reſte plus qu'à donner & marquer ſur ces épaiſſeurs toutes les parties de bords qui leur conviennent pour former leurs échantillons, ce qui eſt très facile.

Il faut pour cela que l'on partage en 2

l'épaisseur B 180, & celle de C 90 : on tire une ligne par ces deux points de division, ce qui donne tous les demi-bords d'un seul trait. On partage ensuite en deux l'une de ces moitiés qui se trouve en B & en C, & par ces deux points de division on a les quarts de bords : l'autre moitié de bord de B & de C, à main gauche, se partage en trois, pour avoir les tiers & demi-tiers de bords : enfin on cherche la quinzieme partie du bord de B & de C, aussi à gauche, & une ligne portée sur les 2 points de division donnera les quinziemes de bords tout de suite & d'un seul trait, & l'échelle sera faite.

N. B. Pour se procurer ces divisions avec une grande justesse, trois points valent mieux que deux : il est donc à propos de diviser un troisieme bord, par exemple le bord du *fa*, comme on a fait au bord des deux *ut*, & de ne point tracer de lignes, qu'on ne voie à la regle, que les trois points font dans un juste vis-à-vis.

Au moyen de cette Echelle de diapason, qu'aucun Fondeur n'a point encore imaginé, il ne faut ni brochette ni fausse brochette : il ne faut à l'Ouvrier que son compas, sa regle & son équerre ; tout est tracé sur sa planche.

De B en C, la ligne C est pour les

D iiij

quart de bords : de B en D, la ligne D donne les demi-bords ; de E en H la ligne H donne les demi-tiers de bords ; de G en E la ligne E donne les tiers de bords ; & de G en F la ligne F fait les quinziemes de bords : ſoit dit pour l'octave com-plette de 13 Cloches, ainſi que l'Echelle les porte.

CHAPITRE VIII.

Table des épaiſſeurs, des cubes & des poids pour tous les ut *aigus &* ut *graves , &c. pour combiner la dépenſe du métal.*

LORSQU'UN Fondeur eſt aſſuré de tous ſes bords & de tous ſes diametres , il eſt naturel qu'il ſache combiner la dépenſe où jette la quantité du métal qui doit entrer dans ſa fonte , par la connoiſſance de la force & du poids de toutes ſes Cloches, connoiſſance qu'il n'aura que par leurs cubes & par la regle de Trois ; car ce n'eſt qu'en triplant ou en cubant la raiſon des bords, qu'on peut être ſûr de trouver la raiſon des peſanteurs.

Je ſuppoſe qu'il eſt au fait de tirer les cubes de tous les nombres radicaux qui ſont expoſés dans la Table des proportions harmoniques, & de faire ſa regle de Trois : cependant comme il pourroit ignorer cette ſorte de connoiſſance , je vais lui expliquer ma façon de m'y prendre. Mais auparavant il faut lui mettre ſous les yeux la Table ci-jointe des épaiſſeurs, des cubes & poids , pour tous les *ut* aigus & *ut* graves , depuis 7 juſqu'à 80 lignes.

Nº. 1.

Lignes, Epaisseurs ou Racines.	Cubes.	Livres.	Fractions.
VII.	343	25	
14	2744	200	
28	21952	1600	
56	175616	12800	
VIII.	512	37	$\frac{1}{3}$
16	4096	298	$\frac{1}{2}$
32	32768	2386	
64	262144	19048	
IX.	729	53	$\frac{1}{16}$
18	5832	424	$\frac{1}{8}$
36	46656	3393	
72	373248	27144	

Jusques ici sont les *ut* aigus & *ut* graves de trois octaves.

Lignes, Epaisseurs ou Racines.	Cubes.	Livres.	Fractions.
X.	1000	72	14 onces.
20	8000	583	
40	64000	4664	
XI.	1331	97	$\frac{4}{343}$
22	10642	776	
44	85184	6208	
XII.	1728	125	15 onces.
24	13824	1007	
48	110592	8056	

Lignes, Epaisseurs ou Racines.	Cubes.	Livres.	Fractions.
XIII.	2197	162	$\frac{1}{6}$
26	17576	1297	
52	140608	10376	
XV.	3375	246	
30	27000	1968	
60	216000	15744	
XVII.	4913	357	13 onces.
34	39304	2862	
68	314432	22896	
XIX.	6859	499	14 onces.
38	54872	3999	
76	438975	31992	

Jusques ici pour deux octaves.

XXI.	9261	675	
42	74088	5400	
XXIII.	12167	886	11 onces.
46	97336	7097	
XXV.	15625	1138	11 onces.
50	125000	9110	
XXVII.	19683	1434	9 onces.
54	157464	11476	

Lignes, Epaisseurs ou Racines.	Cubes.	Lignes.	Fractions.
XXIX.	24389	1777	$\frac{4}{7}$
58	195112	14221	
XXXI.	29791	2171	$\frac{1}{3}$
62	238328	17370	
XXXIII.	35937	2619	5 onces
66	287496	20954	
XXXV.	42875	3124	$\frac{1}{8}$
70	343000	24993	
XXXVII.	50653	3691	14 onces
74	405224	29535	
XXXIX.	59319	4323	$\frac{1}{3}$
78	474552	34588	

Ici bas tous *ut* aigus pour faire 2, 3, 4, ou 5 Cloches vers le ton grave.

41	68921	5023
43	79507	5794
45	91125	6641
47	103823	7567
49	117649	8575
51	132651	9668
53	148877	10851

Épaiſſeurs.	Cubes.	Livres.
55	166375	12126
57	185193	13498
59	205379	14969
61	226981	16543
63	250047	18224
65	274625	20016
67	300763	21921
69	328509	23943
71	357911	26085
73	389017	28354
75	421875	30748
77	456533	33275
79	493039	35935
80	512000	37317

Les nombres qui ſont omis ici en chiffres Romain ſe trouvent en petits chiffres ſous les numeros qui les précédent, par exemple, du numero XV j'ai paſſé au XVII, XIX, &c. parceque les nombres 14, 16, 18, &c. ſe trouvent ſous les numeros VII, VIII & IX, juſqu'au chiffre 80.

Cette Table, où je viens de donner le poids des *ut* aigus & des *ut* graves, eſt d'autant plus intéreſſante, qu'il n'eſt pas poſſible de trouver le poids des autres Cloches, que l'on ne ſache au moins ce que peſe la plus petite des huit; au lieu que quand on tient le poids du ton grave & de l'aigu, il n'eſt pas difficile d'avoir celui des ſix autres.

Le poids des Cloches dépend de leurs épaisseurs & de l'étendue de leurs diametres. Les épaisseurs sont composées de lignes, & les diametres sont composés de 15 épaisseurs; mais souvent il y a des nombres rompus, c'est-à-dire, des demi-lignes ou des quarts de lignes, &c. dans ces épaisseurs; & de même ces diametres sont très souvent susceptibles de quarts, de tiers & de demi bords, &c. ce qui dans l'un & l'autre cas peut embarrasser & les Communautés & les Fondeurs. Il est donc raisonnable de prévenir cet embarras, ce que je n'ai point encore fait.

PREMIERE OBSERVATION.

Sur les épaisseurs de bords avec fractions de lignes.

Pour parler clairement, je viens tout d'un coup au fait par des exemples. Supposé que les Cloches qu'on se propose portent 15 lignes & demie, ou 19 lignes & demie, ou 27 lignes & demie, ou telle autre quantité qu'on voudra de lignes avec des demies, & qu'on veuille savoir ce qu'elles doivent peser : comment s'y prendre ? le voici.

Je recourre à la Table en trois colomnes que j'ai donnée, & où sont marquées les épaisseurs, les cubes & les poids. Je cherche fur cette Table le nº XXXI lignes, double de 15 lignes & demie; le poids qui lui répond eſt 2171 livres : je diviſe cette ſomme par 8 , & ma diviſion étant faite , j'ai pour quotient 271 livres qui font le poids d'une Cloche qui porte dans ſon bord 15 lignes ½ avec la fraction $\frac{8}{15}$. Nous négligerons toutes ces fractions de livres.

Pour 19 lignes & demie , je prens ſur cette même Table le poids 4323 livres du nº XXXIX lignes , lequel nº eſt double de 19 lignes ½ ; enſuite je diviſe par 8 cette ſomme 4323 , & le quotient qui eſt 540 livres , fait le poids d'un bord compoſé de 19 lignes ½.

Pour 27 lignes & demie , je regarde au nº 55 double de 27 lignes ½ qui eſt de 12126 livres , dont le huitieme qui eſt de 1515 livres, eſt le poids que je cherche pour une Cloche qui porte 27 lignes ½ de bord, &c. Tout ce que je dis ici me paroît aiſé. Voyons à préſent pour les fractions par quart & trois quarts de lignes ; & reprenons nos 15 lignes ½ , nos 19 lignes ¼ & nos 27 lignes ½.

Je cherche le poids de 15 lignes ¼ ou de 15 lignes ¾ : pour le trouver je prends le poids de 15 lignes qui eſt de 245 livres ; celui de 15 ½ qui eſt de 271 livres, & celui 16 lignes qui eſt de 298 liv.

J'en marque la différen-
ce en la maniere qui fuit . .　　245 liv.

Ces deux différences ain-
fi marquées, je prends moi-　　diff. 26 liv.
tié de celle qui eft 26 c'eft-
à-dire 13 liv. que j'ajoute　　271
à 245 liv. pour donner 258　　――――――
liv. à mon bord de 15 lig $\frac{1}{4}$.　271

Je prends de même moi-
tié de la différence 27 liv.　　diff. 27
qui eft 13 liv. que j'ajoute
à 271 livers pour donner　　298.
284 livres à mon bord de 15 lignes $\frac{1}{4}$: &
j'obferve de donner la plus forte moi-
tié en bas.

De même pour le poids de 19 lig. $\frac{1}{4}$ ou
de 19$\frac{3}{4}$, je cherche le poids de 19 lignes
qui eft de 499 liv. celui de 19 lig. $\frac{1}{2}$ qui eft
de 540 livres, & celui de 20 lignes qui eft
de 583 livres.

Voici les différences.

Ajoutons moitié de ces
différences au poids 499 &　　499
au poids 540 qui les ac-　　diff. 41 liv.
compagnent, & nous au-　　540 liv.
rons 499, plus 20 qui feront　　――――――
519 livres pour un bord de　　540
19 lignes $\frac{1}{4}$; puis 540, plus　　diff. 43
21 qui feront 561 livres　　583
pour 19 lignes $\frac{3}{4}$.

　　　　　　　　　　　　　Enfin

Enfin, pour le poids d'un bord portant
27 lig. ¼ ou 27 lig. ¾. prenons de même
les différences du poids de 27 lig.... 1434
liv. de 27 lig. ½.... 1515 liv. & de 28 l...1600
liv. Ceci fait, ajoutons 40 liv. à 1434,
ce sera 1474 liv. pour le poids de 27 lig. ¼.

Ajoutons encore 42 liv. à 1515 liv. ce sera 1557 pour le poids d'une Cloche de 27 lig. ¾ en bord : toujours la plus forte moitié en en bas.	1434 liv. diff. 81 liv. 1515 —————— diff. 85 1600

SECONDE OBSERVATION.

Sur les diametres avec fractions de bords.

Comme je n'ai donné jusqu'à-présent
mes regles que pour des diametres de 15
bords juste, & qu'il arrive fort souvent,
pour épargner la dépense du métal, de ne
leur donner que 14 bords, ou 14 ¼, ⅓, ½, ⅔
ou 14 bords ¾, il est bon de nous prêter
encore ici, & de prendre une route nou-
velle.

Et d'abord, il est certain, qu'en com-
parant ensemble deux diametres l'un de
15 bords & l'autre de 14, dont l'unité
fait la différence ; il est, dis-je certain,
qu'en faisant disparoître cette unité, cela

E

fera deux diametres égaux de 14 bords chacun, & que les Cloches qui feront compofées telles, feront uniffon & peferont autant l'une que l'autre; & parconféquent le poids de la Cloche qui auroit dû avoir 15 bords dans fon diametre doit diminuer de moitié. Ainfi pour une épaiffeur de bords de X X X V I lignes, qui font ⌊3 pouces, la longueur du diametre en 15 feroit de 45 pouces, & le poids de la Cloche feroit de 3393 liv. Mais fi je retranche un bord qui eft 3 pouces, je n'aurai plus que 42 pouces dans mon diametre fait en 14, & pour mon poids 1696 liv. moitié de 3393 : ce feul exemple eft fi fimple qu'il fuffit.

Cependant 14 peut être accompagné de fractions, c'eft-à-dire, comme je viens de le dire, de quart, de tiers, de double tiers & de triple quart; dans tous ces cas on n'a qu'à ajouter à 1696 livres le quart ou le tiers, ou les deux tiers, ou les trois quarts de la fomme principale 1696 liv. & l'on aura les poids qui leur appartiennent. Or le quart de 1696 eft 424, qui enfemble donnent 2120 livres pour une Cloche de 36 lignes faite en 14¼ : le tiers de 1696 eft 565, qui avec 1696 font 2261 livres pour cette même Cloche en 14⅓ : les deux tiers font 1130, qui avec

la fomme principale compofent celle de
2826 livres. Et les trois quarts font 1272,
qui avec 1696 forment la fomme de 2968
livres pour le poids de cette même Cloche, faite en 14 bords trois quarts.

Et dans la fuppofition où il y auroit
d'autres fractions de bords, comme un
dixieme, un cinquieme ou feptieme, ou
un onzieme, il faudroit fe conduire de la
même forte. Qui poffede fa regle de divi-
fion, ne trouve en tout ce que je viens
d'expofer rien qui l'embarraffe, & peut
parcourir la Table tant qu'il voudra, foit
dans la colomne des épaiffeurs, foit dans
celle des poids d'un bout à l'autre.

Tout ce qui eft ci-deffus, ainfi que la
Table, ne regarde que l'*ut* aigu & l'*ut* grave : les autres Cloches de l'octave trouvent leurs poids par la Regle de Trois,
telle que je l'ai expofée avec les proportions harmoniques cubées.

De cette premiere opération, il faut
que l'Ouvrier paffe à une feconde Table
ci-jointe, où il confiderera attentivement
les 14 cubes des 14 nombres radicaux qu'il
a déja vus dans le premier Chapitre,
lefquels font proportionnels à ces 7 tons
fi, la, fol, fa, mi, re, ut.

N°. 2.

Table cubique des proportions harmoniques.

Nombres radicaux,			Cubes,			Cubes.
fi	16 à 15	÷ ÷	4096 .. à .	3375
la	6 à 5	. .	216 ... à .	125
fol	4 à 3	. .	64 .. à .	27
fa	3 à 2	. .	27 .. à .	8
mi	8 à 5	. .	512 .. à .	125
re	9 à 5	. .	729 .. à .	125
ut	2 à 1	. .	8 .. à .	1

De la connoiffance des cubes il paffe tout de fuite à la Regle de Trois, expofée ci-contre en ordre géométrique, afin de trouver les poids qui lui font inconnus de fes 7 tons, par le poids qui lui eft connu de fa premiere Cloche, ici fuppofée épaiffe de 7 lignes & du poids de 25 livres.

N° 3.

Table Géométrique pour trouver les poids
par la Regle de Trois.

ut	7 lignes.				25 livres.
	Cubes,	Cubes,	Livres,		Livres.
fi	3375 :	4096 : :	25 : × $=$		30
la	125 :	216 : :	25 : × $=$		43
fol	27 :	64 : :	25 : × $=$		59
fa	8 :	27 : :	25 : × $=$		84
mi	125 :	512 : :	25 : × $=$		102
re	125 :	729 : :	25 : × $=$		145
ut	1 :	8 : :	25 : × $=$		200

Cette Table Géométrique, qui confiste
en 5 colomnes, a pour multiplicande la
feconde colomne, pour multiplicateur la
troifieme, & pour divifeur la premiere à
main gauche ; la quatrieme × × &c. défi-
gne les poids que l'on cherche, & la cinquieme donne les poids que l'on a trouvés.

En termes de Géométrie l'on dit que
les poids qui font à trouver, doivent être
proportionnels à ces trois termes connus
3375, 4096 & 25 ; tout de fuite à ces trois
autres termes 125, 216 & 25 ; & tout de
fuite encore à ces autres-ci, 27, 64 & 25,
ainfi des autres jufqu'au bout de l'octave.

Et que conféquemment on doit multiplier tous les termes moyens les uns par les autres, c'est-à-dire 4096, 216, 64, 27, 512, 729, & 8 par 25, dont les produits 102400, 5400, 1500, 575, 12700, 18225 & 200, doivent être ensuite divisés par ces premiers termes 3375, 125, 27, 8, 125, 125 & 1; afin d'avoir pour quotiens & pour poids 30 livres, 43, 59, 84, 102, 145, & 200 livres, qui est ce que l'on cherchoit.

Dans toutes autres épaisseurs que celle de 7 lignes, le poids de ces mêmes épaisseurs, sortant des *ut* aigus, deviendra le multiplicateur; par exemple, dans les 5 Tables suivantes on multiplie la seconde colomne entiere de chaque Table par 37, par 53, par 72, par 97, & par 125; & ainsi de toutes octaves quelconques.

ut 8 lignes.				37 livres.
	Cubes,	Cubes,	Livres,	Livres.
fi	3375 :	4096 : :	37 : ✕ ══	44
la	125 :	216 : :	37 : ✕ ══	63
fol	27 :	64 : :	37 : ✕ ══	87
fa	8 :	27 : :	37 : ✕ ══	125
mi	125 :	512 : :	37 : ✕ ══	151
re	125 :	729 : :	37 : ✕ ══	215
ut	1 :	8 : :	37 : ✕ ══	298

ut 9 lignes. 53 livres.

	Cubes,	Cubes,	Livres,			Livres.
fi	3375 :	4096 : :	53 :	×	═	64
la	125 :	216 : :	53 :	×	═	91
fol	27 :	64 : :	53 :	×	═	125
fa	8 :	27 : :	53 :	×	═	166
mi	125 :	512 : :	53 :	×	═	217
re	125 :	729 : :	53 :	×	═	309
ut	1 :	8 : :	53 :	×	═	424

ut 10 lignes. 72 livres.

	Cubes,	Cubes,	Livres,			Livres.
fi	3375 :	4096 : :	72 :	×	═	87
la	125 :	216 : .	72 :	×	═	124
fol	27 :	64 : :	72 :	×	═	170
fa	8 :	27 : :	72 :	×	═	243
mi	125 :	512 : :	72 :	×	═	295
re	125 :	729 : :	72 :	×	═	435
ut	1 :	8 : :	72 :	×	═	583

ut 11 lignes. 97 livres.

	Cubes,	Cubes,	livres,			Livres.
fi	3375 :	4096 : :	97 :	×	═	117
la	125 :	216 : :	97 :	×	═	167
fol	27 :	64 : :	97 :	×	═	231
fa	8 :	27 : :	97 :	×	═	327
mi	125 :	512 : :	97 :	×	═	397
re	125 :	729 : :	97 :	×	═	565
ut	1 :	8 : :	97 :	×	═	776

E iiij

ut 12 lignes.   125 livres.

	Cubes,	Cubes,	Livres,	Livres.
si	3375 :	4096 : :	125 : X,	161 11 onc.
la	125 :	216 : :	125 : X,	216
sol	27 :	64 : :	125 : X,	296
fa	8 :	27 : :	125 : X,	421
mi	125 :	512 : :	125 : X,	511
re	125 :	729 : :	125 : X,	649
ut	1 :	8 : :	125 : X,	1000

Suivant tout ce que je viens d'expofer, un Fondeur ne doit être embarraffé à trouver fes poids pour telles octaves que ce foit, qu'autant qu'il ignorera la Regle de Trois, qui n'eft autre chofe qu'un compofé de multiplications & de divifions. Mais, me dira-t-il, j'ai befoin d'une double, d'une triple octave, comment m'y prendrai-je ? La chofe eft toute fimple : il n'a qu'à octupler, c'eft-à-dire, multiplier par 8 le poids de chaque Cloche en particulier de fa premiere octave, & cela lui donnera toute fa feconde octave ; puis multiplier celle-ci de même par 8, & il aura la troifieme.

Suppofons maintenant que l'on demande un carillon complet de tons majeurs & mineurs ; voici ce que l'Ouvrier doit faire.

1°. Il doit recourir à la Table des proportions harmoniques; écrire fur un papier les raifons ou proportions qui ont rapport au *fi* bemol ou feconde majeure, qui font 9 & 8; celles du *fol* dieze ou *tierce* majeure 5 & 4; celles du *mi* bemol ou fixieme majeure 5 & 3, & celles de l'*ut* dieze ou feptieme majeure qui font 15 & 8. Chapitre premier.

2°. Il doit chercher les cubes de 9 & de 8 qui font 729 & 512; ceux de 5 & de 4 qui font 125 & 64; ceux de 5 & de 3 qui font 125 & 27, & enfin les cubes de 15 & de 8, qui font 3375 & 512, Table n°. 1. *page 58 et 59*

3°. Tout cela étant mis fous fes yeux, il appliquera fa Regle de Trois fur les cubes de *fi* bemol, de *fol* dieze, de *mi* bemol, & d'*ut* dieze; c'eft-à-dire, qu'il fera une colomne des cubes *fi* bemol 512, *fol* dieze 64, *mi* bemol 27, & *ut* dieze 512, à main gauche; enfuite de quoi viendra une feconde colomne compofée de *fi* bemol 729, *fol* dieze 125, *mi* bemol 125, & de *ut* dieze 3375; puis la troifieme colomne compofée du haut en bas du poids de l'*ut* aigu.

4°. Il multipliera 729, 125, 125 & 3375, par les chifres du poids d'*ut* aigu. Et enfin il divifera toutes les fommes de fes multiplications par les cubes de fa premiere co-

lomne , c'est-à-dire par 512, 64, 27 &
& 512, & les quotiens seront les poids
qu'il cherche. Cette pratique ne differe
en rien de celle que je viens de tenir pour
mes six Tables, en tons majeurs, n° 2 &
3 par la Regle de Trois en ordre géométrique.

Observez que les colomnes des cubes
font invariables & ne changent jamais :
cela fait un point fixe pour le Fondeur : il
n'y a que le multiplicateur qui change ;
mais ses multiplicandes & ses diviseurs
font toujours les mêmes dans telles octaves que ce soit ; & dans toutes octaves c'est
toujours le poids d'*ut* aigu qui sert de multiplicateur. Cette idée est si simple & si
nette, qu'il n'est pas possible d'en donner
de meilleure ; & sous ces deux points de
vue, il ne peut que travailler à tête libre.

Il se dira à soi-même : telle épaisseur
que je donne à mes Cloches, premiere &
huitieme, il faut, 1°. que j'en tire les
cubes dans la Table n°. 1.

2°. Il faut que je tire les cubes de mes
six autres Cloches, *si*, *la*, *sol*, *fa*, *mi*, *re*,
dans la Table n° 2.

3°. Il faut que je range les cubes de ces
six Cloches dans l'ordonnance géométrique de la Table n° 3.

4°. Enfin il faut que je fasse usage de ma

Régle de Trois, en multipliant les cubes de la feconde colomne par les poids de la troifieme, & en divifant le produit de toutes mes multiplications, par les cubes de ma premiere colomne à main gauche; comme je vois que cela a été pratiqué dans les octaves de 7, de 8, de 9, de 10, de 11, & de 12 lignes, *ut* aigu.

Je crois en avoir dit affez pour me faire entendre.

CHAPITRE IX.

Regles de l'échantillon, de la qualité &
du mêlange des métaux, &c. de la quan-
tité de métal que les Fondeurs peuvent
repéter pour leur déchet ; comment on peut
connoître que le métal est en état d'être
coulé.

CE que j'ai écrit seroit incomplet si je
ne mettois pas les personnes au fait des
regles de l'échantillon, de la qualité &
du mêlange des métaux, de l'accéléra-
tion de leur fonte, de la quantité du métal que les Fondeurs ont droit de répéter
pour leur déchet, & de quelle façon l'on
peut connoître quand le métal est en bonne cuisson pour être prêt à couler.

L'échantillon est un travail de routine, & un peu plus long à expliquer qu'à
exécuter, mais il faut entrer dans l'expli-
cation de ces choses.

L'échantillon.

C'est un calibre, qui dans la forme de
ses traits représente le profil d'une Cloche, & qui étant monté sur son arbre qui

eſt un grand boulon de fer, fait l'office d'un grand compas tournant pour donner aux moules la vraie figure du dedans & du dehors d'une Cloche. Cet inſtrument eſt une planche de noyer, pommier ou autre bois propre à ſe liſſer, à laquelle on donne pour hauteur 22 bords de la Cloche dont elle doit être le calibre, & 5 bords pour largeur. A deux bords de ſa vive-arrête à droite, on tire au trouſquin une ligne fort legere d'un bout à l'autre, ſur laquelle on pique 14 à 15 bords en commençant en bas ; dont les deux ou trois premiers ſont deſtinés à la baſe des moules qu'on appelle *la meule*, en termes de l'art, & les 12 autres ſont employés à la recherche des traits du calibre ; car les Cloches doivent avoir dans leur hauteur 12 bords, depuis la pince D juſqu'au point P.

Ce ſeroit ici le lieu de parler de la fauſſe brochette dont ſe ſervent les Fondeurs pour diviſer leurs bords en demi-bords, en quarts, en tiers, en demi-tiers & en quinziemes ; mais comme je leur ai appris à ſe les donner ſur un diapaſon de huit Cloches, Chap. VII, fig. 2, ce qui leur épargne de la peine, je n'en dirai mot.

Traits de l'échantillon.

Soit la ligne A *o* piquée de 12 bords moins un demi-tiers, & ce demi-tiers abbaissé de *o* en D pour achever les 12 bords, & pour faire la pince de la Cloche en D : soient aussi six petites lignes ponctuées faisant équerre avec la ligne A *o*, savoir; la premiere au n° 1½, la seconde au n° 3, la troisieme au n° 5½, une au n° 6, une autre au n° 11, & la derniere au n° 12⅙. La premiere, la troisieme & la derniere à compter du point *o*, serviront à faire l'échantillon, & les autres à voir si l'on a bien opéré; car l'endroit du gros cordon dit le *troisieme*, marqué au n° 3, doit porter deux tiers de bord dans son épaisseur; la partie qu'on appelle le *sixieme* marqué au n° 6, doit porter un tiers & un quinzieme de bord d'épaisseur, & l'épaisseur qui est au n° 11, doit porter un tiers de bord : ces trois épaisseurs, après la preuve faite, doivent se rencontrer juste avec l'opération si elle a été faite exactement, sans quoi il faudra recommencer.

Les choses étant ainsi disposées, l'on prend au compas un demi-tiers de bord que l'on porte de A en P, puis de P en K & en L, & tout de suite du n° 1½ en G, enfin du point *o* en D. De cette forte, le point G fe trouvera écarté de la ligne A *o* d'un demi-tiers de bord, & les quatre points A, P, K, L, auffi également diftans d'un demi-tiers les uns des autres : après quoi, & lorfqu'on aura ouvert le compas de l'étendue d'un bord & demi, une de fes pointes pofée fur le point $5\frac{1}{2}$, l'autre pointe donnera fur la perpendiculaire le point H : puis le compas étant refferré à ne plus donner qu'un tiers & un quinzieme de bord, portez cette étendue du point H en I, & pour lors H & I, donneront ce qu'on nomme la *Fauffure* & la *Fourniture* ou le renflement de la Cloche.

Le gros bord de Cloche, dit la frappe.

On ouvre le compas d'un bord & d'un quinzieme de bord : on pofe une de fes pointes fur le point G, & de l'autre on fait le petit arc R R, puis du n° 1 l'autre petit arc Q Q, & du point d'interfection F de ces deux arcs, comme centre, on forme l'arondiffement S, G, 1 : puis on tire la diagonale F D, qui avec D, G, donnera le gros bord.

Les traits du vafe inférieur.

On donne à fon compas une ouverture

de 12 bords ; du point H, on va marquer un petit arc à gauche hors de la planche de l'échantillon, fuppofé en L ; & du point F un autre petit arc, qui, par fon interfection avec l'arc L, comme centre, donnera la courbe H F.... On ouvre enfuite le compas pour une étendue de 7 bord $\frac{1}{2}$; & du point I, puis du point G on fait deux petits arcs hors de l'échantillon auffi à gauche, d'où, & de leur commune fection comme centre, où fe donne l'autre courbe I G : & voilà le vafe inférieur tracé.

Les traits du vafe fupérieur.

J'ouvre mon compas de 32 bords ; l'ayant mis fur H & fur L, je me donne deux arcs hors de mon échantillon à gauche ; du point où ils fe coupent, je forme mon trait H L : enfuite, & fans en changer l'ouverture, je pofe une branche fur K & fur I pour avoir pareillement deux arcs & un centre commun d'où je tire ma derniere courbe K I, & mon vafe fuperieur eft fait.

Les traits du Cerveau.

Je donne à mon compas un demi-bord, & avec cette petite ouverture je trace du point

point *o* un petit arc qui tombe en E fur
l'angle de percuffion ; j'ouvre enfuite mon
compas de 8 bords, & des points E , P ,
je trouve le point Z par deux arcs qui fe
coupent, duquel point Z je trace l'arc du
cerveau P M : fur l'arc de Z je porte en
x x x la moitié d'un tiers de bord , &
de ces trois x , comme de trois centres ,
avec une étendue de 8 bords , je me donne mes trois autres arcs a , L , n , qui
avec l'arc m , feront les quatre arcs for-
mateurs du cerveau , mais de a en L il
doit y avoir un tiers de bord jufte , finon
il faut recommencer.

Cette opération étant faite , je prends
fur mon compas la mefure jufte d'un bord
& demi que je porte fur la partie con-
vexe du cerveau du point K à gauche en
K à droite ; & fur la partie concave du
point *u* à gauche en *u* à droite; après
quoi je prends à une diftance du cerveau à
volonté les deux centres *d d* pour tracer
les deux petits traits courbes * *, & former la retraite du fond intérieur *u* * &
la retraite du fond extérieur K * de la
Cloche.

Il n'eft plus queftion à préfent que de
l'arrondiffement du cerveau. Je marque
donc un point en *a*, qui eft celui d'incidence de l'arc m avec le trait du vafe fu-

périeur à droite, puis un autre en T qui
eſt celui d'incidence de l'arc n avec le
trait du vaſe ſupérieur à gauche; enſuite,
mon compas étant ouvert de l'étendue
de ces deux points a T du point a &
du point T, je fais deux petits arcs
qui me donnent un centre pour avoir
l'arrondiſſement a T. De-là, & pour avoir
l'autre courbure j'ouvre le compas d'un
tiers de bord, je le porte du point u, qui
eſt le point d'incidence de l'arc L avec le
vaſe ſupérieur en c & en b, & de c b je
fais deux petits arcs qui me donnent un
centre pour former la courbure c b; &
enfin je marque en plein les traits u L &
K a & le tout eſt fini : mais il faut donner à l'intérieur du cerveau pour diametre, moitié de celui d'en-bas dont il eſt
ſous-double.

Le mélange & la qualité des Métaux.

La compoſition du métal eſt un mêlange de cuivre franc ou roſette & d'étain
de Cornouaille. Les Fondeurs mettent
ordinairement 20 à 25 livres d'étaim ſur
100 livres de cuivre; mais le jugement
doit en meſurer la quantité ſur la ſorce
des Cloches. Pour de gros vaiſſeaux 20 livres d'étaim ſur 100 livres de cuivre font
bien ; car un quart au lieu d'un cinquie-

me pourroit les rendre fujets à caffer ; mais pour un carillon de huit ou de douze Cloches où il faut du brillant, & dont la moindre feroit fuppofé de 200 livres & la plus forte de 1600 livres, je voudrois mettre 25 livres d'étaim : le fon en feroit plus excellent, fur-tout en y ajoutant un peu d'antimoine, mais en bien petite quanté, comme deux livres par 100, & en diminuant l'étaim d'autant. L'intérêt des Fondeurs qui répondent de leurs Cloches pour un an & plus, eft de mettre peu d'étaim de peur qu'elles ne caffent, mais leurs Cloches fonnent le chauderon. C'eft un mal dont il faut fe parer en les obligeant à faire bien cuire leur matiere ; parceque mieux les parties en feront affinées & dépouillées de calamine & autres parties terreftres, plus folides en feront les Cloches.

La Cuiffon.

Il eft bon qu'elle dure 9 à 10 heures & que le feu foit bien foutenu ; une heure avant de couler on force le feu du reverbere avec de vieux bois de charpente ou de charronage & avec de vieux effieux gras, & lorfque vers 10 heures de chauffe on voit la fumée fortir blanche & certains ferpentaux fe jouer fur la matiere, ou

quand en plongeant une barre de fer dans
cette matiere on l'en retire empreinte d'un
beau vernis ; elle eft cuite, & il eft tems
de couler.

Le Déchet.

L'Ouvrier demande toujours affez : il
ne vous quitte point à moins de 5 ou 6
livres par 100 ; & quelquefois plus, quoiqu'il puiffe fe contenter à 3 livres. Le
mieux pour les Fabriques eft parconféquent de prendre les déchets à leur compte, afin d'être maîtreffes de donner à leurs
cuiffons tout le tems qu'il leur faut pour
avoir des Cloches folides & bien fonores.
Il eft bon même qu'elles retiennent la
grenaille & les écumes, que les Fondeurs
n'eftiment rien, & dont néanmoins ils
font de bons lingots. Pour les faumons
qu'on appelle les affurances de Cloches,
c'eft un gros avantage de les garder & de
les mettre en réferve pour le befoin qu'on
peut en avoir, fur-tout s'ils font d'un fin
métal ; & pour lors, afin de les avoir bien
purs, auffi-tôt que les moules feront
pleins, il faudra répandre deffus des braifes rouges avant que la matiere fe fige,
ces braifes en mangeront toute la craffe
& l'écume.

Le restant de Cloches.

C'est tout le métal qu'on a de reste après la fonte : les Marchands qui livrent aux Fabriques les obligent à leur repasser ce restant à cinq ou six sols la livre de meilleur marché, qu'ils n'ont livré leurs marchandises, qui par l'affinage vaut dix à douze sols la livre plus qu'elle ne valoit ; ou bien les Fondeurs le reprennent sur le pied de vingt sols la livre, tandis qu'il en vaut au moins trente-cinq ; c'est donc une perte bien réelle qui, sur cinq à six cens livres, peut être évaluée de part ou d'autre à quatre ou cinq cens livres d'argent en pure perte, il est parconséquent avantageux de garder le tout par devers soi pour certains besoins qui peuvent arriver, ou pour rendre service, en ne perdant que peu, à des Communautés voisines & amies.

Accélération de la Fonte.

Si vous voulez que le cuivre fonde aisément, & épargner du bois, mettez pour 100 livres de cuivre, cinq livres d'etaim de glace & du soufre à peu près de même. Pour ce qui est de l'étaim qui doit composer le métal, on ne le met dans la fonte que quand le cuivre eſt fondu, bien épuré de ſes craſſes & prêt à être coulé.

Choix du Métal.

Il arrive rarement, & preſque jamais il n'arrive dans les campagnes, que l'on compoſe ſon métal ſoi-même, quoique ce ſoit bien le plus ſûr : on a recours aux Fondeurs, aux Chauderonniers, & autres qui livrent à 25 & 30 ſols la livre une marchandiſe qui n'en vaut pas 18, n'étant compoſée que de rognures de chaudrelas, de potins, de grenailles & des écumes de quelque fonte, & outre cela d'un gros étaim commun qui y domine par trop ; mal cuite à la cuiller, belle en apparence, parcequ'au moyen de la braiſette rouge & de la trop grande quantité d'étaim, le ſaumon paroît d'un beau poli & ſonnant ; mais au fond ce n'eſt rien qui vaille : dans la chauffe cela ſe convertit en fumée & en écume ; le déchet emporte le principal, parceque le potin & l'étaim ſe brûlent & s'évaporent, & ce qui reſte de ce prétendu métal, eſt d'une ſi mauvaiſe nature, qu'il n'en faut pas davantage pour gâter le ſon & l'harmonie.

Lorſqu'on eſt ainſi expoſé, voici comme on s'y prend : on caſſe un morceau de

ce métal, on obferve s'il fait bien l'é-
caille de poiffon telle qu'il faut qu'il la
faffe, on le frotte fort avec un morceau
de drap, & l'on voit s'il rougit, parceque
s'il eft compofé de mauvais cuivre il jau-
nira au lieu de rougir, & alors il ne vaudra rien ; d'ailleurs, s'il ne donne qu'un
rouge blanchâtre au lieu d'un rouge au
trois quarts vif, c'eft un métal où il y a
trop d'étaim ; il ne vaudra donc encore
rien, à caufe du déchet. Enfin pour favoir fi ce faumon eft d'une bonne cuiffon, & fi c'eft véritablement un reftant
immédiat de fonte de cloche, (car les
Fondeurs favent les contrefaire au mieux
au fortir de leur cuiller,) il faudroit réduire ce faumon par morceaux, & confi-
derer de près s'il n'y a ni chambres ni ta-
ches grifes ou noires, & fi toutes les
parties en font bien liées. Dans tous ces
cas on ne rifque rien de faire marché, fans
fans quoi néant. Mais le plus certain
encore une fois, eft de compofer fon métal dans le fourneau. Il en coutera quelque chofe de plus, mais bonne marchandife ne coute pas trop chere, au lieu qu'en
drogue ou en marchandife douteufe on
n'a jamais bon marché.

F iiij

Autre façon de s'assurer du Métal.

C'est ici un secret aussi sûr & aussi prompt qu'il est singulier.

Frottez-vous bien tout l'intérieur des mains sur un ustensile de cuivre rouge, & que vos mains soient auparavant bien chaudes afin que les pores en soient plus ouverts, vous serez alors aimanté de ce métal : prenez une baguette fourchue de quelque bois que ce soit, verd ou sec pourvu qu'il se puisse plier sans éclatter ; aimantez les trois bouts & tout le corps de cette baguette de la substance du cuivre dont vous êtes imprégné, & faites en sorte qu'elle en soit elle-même imprégnée en la passant dans vos mains ; faites fermenter dans vos mains un petit instant un petit morceau de papier blanc, qui de cette maniere deviendra aussi aimanté de la substance du cuivre rouge : fendez le bout de la baguette qui fait angle par le milieu, inserez le papier dans la fente, c'est tout le mystere : portez-la verticalement ou horisontalement entre vos mains comme font les gens à la baguette : présentez-la un instant au dessus du métal qu'on veut vous vendre ; reculez quelque pas en arriere, & avancez ensuite vers ce

métal le plus lentement qu'il vous fera
possible; & si la baguette, lorsqu'elle se
trouvera dans le tourbillon qui sort du
métal, vient à s'incliner, c'est du cuivre
rouge qu'il y a, sans quoi c'est du cuivre
jaune tout pur. Mais quoiqu'elle se soit
inclinée, il peut aussi y être entré du cuivre jaune, pour le savoir, aimantez comme ci-dessus, sur une piece de cuivre jaune, recommencez la cérémonie, & si elle
penche, c'est un signe certain que la composition est des deux métaux. Recommencez à aimanter le tout, mains, baguette
& papier, sur gros & fin étaim, par-là
vous découvrirez duquel des deux étaims
est fait le métal, ou s'il est composé des
deux tout à la fois. La difficulté est seulement de trouver des gens qui possedent
ce jeu de la baguette : mais cette difficulté n'est pas grande, car entre 10 personnes à qui vous la présenterez, il s'en
trouvera une ou deux en qui cette mer-
veille operera, si elles ont soin de s'aimanter ainsi que la baguette, sur quelques meubles de table, ou sur quelques personnes de la compagnie qu'elles
auront touchées de la main, & elles feront bien étonnées de se voir enrichies
d'un présent de la nature qu'elles ne
croyoient pas avoir.

Cette voie de découvrir la nature des métaux compofés, eft d'autant plus certaine qu'elle procede de ce grand méchanifme que l'Auteur de la nature a établi entre tous les objets de même efpece & de même analogie. C'eft la méthode dont je me fers , & qui me réuffit.

CHAPITRE X.

Méthode de dreſſer le grand compas des Fondeurs pour former leurs moules. Maniere de conſtruire ces mêmes moules.

IL s'agit à-préſent de dreſſer le grand compas des Fondeurs pour former leurs moules, & de traiter tout de ſuite de la façon de conſtruire ces mêmes moules.

Conſtruction du Compas.

C'eſt un aſſemblage de trois pieces, ſavoir, de deux branches & d'une traverſe; la premiere branche eſt la planche de l'échantillon où ſont tracés les traits du dedans & du déhors de la Cloche Chap. ix; la ſeconde branche eſt un gros & grand boulon de fer quarré bien arrondi par un bout & terminé en pointe ou pivot par l'autre bout : c'eſt ce qu'on nomme l'arbre; cette branche eſt percée au niveau de la mentoniere *c*, d'une mortaiſe pour recevoir la traverſe de fer : cette derniere piece du compas eſt comme une main de force aſſez épaiſſe pour ſouffrir une longue & large couliſſe ou mortaiſe propre à recevoir la planche de l'échantillon.

De ces trois pieces faifons-en maintenant un tout. 1°. Difpofons deux planches par terre à une certaine diftance l'une de l'autre, en forte qu'un bout de l'arbre pofe fur l'une, & l'autre bout fur l'autre. Traçons fur ce même arbre, dans fon jufte milieu, & dans toute fa longueur une ligne blanchie à la ficelle : infinuons la traverfe dans la mortaife *b*, puis arrêtons-la avec la claverte *b* : & coulons enfin la planche d'échantillon dans fa mortaife *a a a*. 2°. Les affaires étant ainfi difpofées, il faut leur donner leur forme & les arrêter : pour cela, nous piquerons une ficelle au-deffus du boulon de fer fur la planche de traverfe, laquelle ficelle couvrira la ligne blanche de ce boulon & fera allongée à volonté, & piquée & roidie fur l'autre planche de traverfe. Nous coulerons enfuite le long de la ficelle une regle contre équerre, afin de donner à l'échantillon fon obliquité de 7 bords $\frac{1}{2}$, de cloche depuis le point D jufqu'à la ficelle, puis en coulant la regle de la même forte fur le point P, on lui donnera un rayon de 3 bords $\frac{3}{4}$ depuis la ficelle en P. Voilà l'obliquité trouvée, il ne s'agit plus que d'arrêter l'échantillon avec des coins fort minces, tandis qu'une autre perfonne contiendra le tout dans son état de peur que cette obliquité ne se dérange. Enfin, on représente la regle & l'équerre sur la ficelle en D, pour voir si les Cloches se rapportent, & le tout est fait.

Construction de la Fosse.

La fosse est un trou quarré que l'on creuse dans la terre, auquel on donne 22 bords de la plus grosse Cloche pour profondeur, & pour largeur assez d'espace pour contenir tous les moules avec les passages de deux Ouvriers qui doivent tourner librement d'un moule à l'autre. Le fond doit être pilé fortement avec la poire, & les quatre faces tellement polies qu'il n'y ait rien à craindre pour l'ébranlement. On place une espece de solive sur le travers de la fosse qu'on assure bien par les deux extrêmités au moyen d'une basse maçonnerie. Cette solive porte autant de loquets percés, qu'on a de Cloches à fondre : ces loquets sont pour recevoir le bout arrondi du grand boulon de fer.

Nota. Il est assez d'importance que le trou de ces loquets soit d'une telle justesse avec le boulon, que le compas tournant ne puisse vaciller ni à droite ni à gauche quand on tournera les moules; &

il vaut mieux les graisser de suif ou de savon. Au-dessous de chaque trou de loquets sont des piquets de bois fortement entassés dans le fond de la fosse. On suspend un plomb pointu, qui du milieu juste de chaque trou de loquets vient poser sur ces piquets; & à chaque point d'incidence du plomb, on creuse un centre où doit poser le pivot de l'arbre de fer.

Cela fait, on environne tous ces piquets d'un massif de maçonnerie en briques, parfaitement rond, haut de 5 à 6 pouces & d'un diametre égal à celui des cloches. Ce massif qui se nomme la *meule*, & le dessous de meule, servent de base à tout l'ouvrage.

Construction des Moules.

Ils sont au nombre de trois, savoir; le noyau, le modele & la chappe qui demandent chacun une construction particuliere.

Le Noyau.

On a dû, avant que de monter le compas, abbattre à la serpe & au ciseau tout le bois de la planche de l'échantillon depuis sa rive à droite jusqu'au grand trait D, F, H, c, b, u, & 1, qui est pour la forme intérieure de la cloche; & la couper en biſeau en laiſſant le trait de la cour-be franc.

Le compas étant monté & ajuſté en la maniere qu'on vient de dire, on paſſe l'ar-bre dans ſon loquet & on le poſe ſur ſon piquet & ſur ſon centre.

Puis, 1°. on commence à travailler le noyau & ſa meule tout enſemble avec des briques partie entieres, partie caſſées, & de la terre de Maçons dont on enduit le dedans & le dehors. On briſe les angles extérieures de ces briques afin de donner à la maçonnerie ſa juſte rondeur; les bri-ques ſe poſent par aſſiſes de hauteur égale par-tout, & toujours en recouvrement d'une aſſiſe à l'autre, en ſorte que les joints d'une aſſiſe ne ſe rencontrent pas avec les joints de l'aſſiſe qu'on doit poſer en-ſuite. A chaque brique qui ſe poſe, le compas doit ſe préſenter afin qu'on ne laiſſe entre elle & la planche qu'une ligne de diſtance : ainſi le compas ſert à diriger la maçonnerie dans ſon pourtour & dans ſa hauteur. Quand cet ouvrage eſt à peu près aux deux tiers de ſa hauteur, on ap-plique ſur le piquet de bois une traverſe de fer épais, qui répond de ſes deux bouts ſur le corps de la maçonnerie. Mais avant que de l'arrêter, il faut, avec le plomb pointu qui a déja ſervi pour le piquet, faire répondre le centre qui eſt marqué ſur cette barre de fer au juſte milieu du trou du loquet ; enſuite remettre le compas , le faire jouer & continuer le travail juſqu'à ſa hauteur. Lorſqu'on eſt parvenu au collet du cerveau on lui laiſſe une ouverture , qu'on appelle la bouche du cerveau , & aſſez grande pour pouvoir jetter le charbon dans le noyau.

Cette bouche s'arrondit & ſe polit au moyen d'un petit bâton que l'on inſere dans la main de l'arbre, & qu'on laiſſe deſcendre dans le noyau.

2°. On couvre cette maçonnerie d'une couche de ciment fait avec du fort limon, de la fiente de cheval & de la bourre bien broyés & liés enſemble , ſur un établi de planches avec la tête d'un hoyau : pour bien applanir par - tout cette couche, on commence à mette en jeu le compas de conſtruction ; c'eſt - à - dire , que tandis qu'un homme tourne autour du noyau & appuie ſur le compas, le Fondeur applique à pleines mains ſon ciment depuis le bas juſqu'en haut, & toujours en continuant & en tournant juſqu'à ce que le noyau empliſſe bien la planche, & qu'il ne lui reſte plus aucun vuide. Après cette première façon, on emplit tout-à-fait le noyau de charbon, l'on y met le feu , &

l'on

l'on bouche fon ouverture ; l'on ouvre
les 3 ou 4 foupiraux qui font au bas de la
meule & qu'on y a conftruits avec des rou-
leaux de bois gros à peu près du poignet
en dreffant la maçonnerie, & qu'on a enfuite retirés. Ce premier feu pour faire un
bon recuit, doit durer de 12 à 24 heures.

3°. Durant la chauffe, le foin du Fondeur eft de rafraîchir avec de l'eau fon
moule à mefure qu'il feche, dans les parties qui en ont befoin ; car fans cette précaution, comme les parties inférieures fé-
chent plus lentement à raifon de leur
épaiffeur, il fe trouveroit au noyau des
inégalités qui regneroient des parties inférieures aux fupérieures, & qui apporte-
roient la même erreur dans le modele de
la cloche qui doit fe former fur ce même
noyau.

Je penfe qu'en conftruifant la maçonnerie de ce premier moule, il feroit à propos outre cela, d'y laiffer en dedans un
cercle de briques un peu avancé en forme
de petit cerceau au niveau de la traverfe
de fer, afin de fe procurer une efpece de
plancher compofé de vergettes de fer & de
tuiles, pour faire refouler la trop grande
activité du feu en en bas ; ce qui ne dif-
penfera pas néanmoins de fermer la
bouche du cerveau à l'ordinaire avec le
gâteau de terre cuite ; ayant l'attention

G

feulement qu'il y ait communication de feu du bas en haut par une ouverture qu'on ménagera au milieu de ce plancher : cela s'entend affez.

Après cette opération l'on retire le compas de fa place, on fépare l'échantillon de fon arbre, & on ne l'ôte pas hors de fa mortaife. On coupe la premiere courbe & le premier trait du cerveau au vif, avec une bonne lame, fans cependant rien outre-paffer ; puis on le remonte fur fon arbre & fur fon pivot, dès que le premier enduit eft fec en toutes fes parties.

4°. Le fecond enduit eft d'un grain de terre plus doux que le premier ; il le faut bien liquide : on en emplit l'échantillon comme ci-devant, puis le feu, & la même attention qu'au premier enduit. On réitere jufqu'à 3 & 4 fois, ou pour mieux dire, jufqu'à ce que le compas emporte tellement le ciment nouveau qu'il ne laiffe plus paroître que le fec : il ne faut pas appuyer bien fort fur la planche, mais feulement la commander à mains fermes.

5°. La derniere de toutes les couches du noyau eft compofée de cendres & de favon : comme c'eft une couche graffe, le moule de modele qui doit être conftruit fur celui-ci fe détache aifément quand il s'agit de l'enlever. Dans cette couche le feu n'a point lieu. Avant de paffer au fe-

cond moule, on examine si ce premier-
ci est bien juste en son diametre : la preuve s'en fera en portant le tiers bien juste
de sa rondeur sur une regle où seront marqués ses quinze bords, & la preuve n'y
étant pas on détruit le moule.

Modele ou la fausse Cloche.

Ayant démonté le compas on coupe,
en laissant le trait franc, tout le bois de
la planche jusqu'à la seconde courbe & à
la seconde onde D, G, I, T, P, *a*, K, *a*,
& le tout en biseau ; puis on le remonte
& on le remet sur son pivot.

La terre qu'on destine à former ce moule est une composition liquide d'un fin
limon tamisé & incorporé avec de la
bourre & du crottin de cheval ; c'est pour
la premiere couche : l'Ouvrier la prend à
pleines mains & l'applique sur le noyau
par plusieurs pieces de gâteaux qui s'unis-
sent & se lient ensemble pour peu qu'on
les étende : cet ouvrage grossier se perfec-
tionne par plusieurs couches d'un ciment
de mêmes matieres, mais beaucoup plus
claires. Chaque couche est applanie par
le compas, & on les laisse sécher au feu
l'une après l'autre avant que de faire jouer
le calibre. On ne manque pas de couvrir
toutes les couches de grand chanvre de

toute ſa longeur pour empêcher le moule
de ſe fendre & de faire des lézardes. Lorſ-
que le moule eſt fini ; qu'il fait bien le
parchemin & que le calibre en leve tellement la derniere couche qu'il n'en laiſſe
plus rien, & qu'il ne laiſſe appercevoir
que le ſec de la couche précédente, on
démonte de ſon arbre ce calibre ou planche d'échantillon : on coupe ſon trait au
vif & dans ſon juſte milieu.

Enſuite, à la hauteur du troiſieme bord
marqué ſur la planche, on fait une en-
taille bien propre & un peu profonde &
deux moindres en deſſus & en deſſous
pour former 5 cordons : un peu au-deſ-
ſous du onzieme bord, on en fait auſſi
pluſieurs qui donneront les cordons ou
filets propres à placer les inſcriptions ;
puis deux autres extrêmement minces,
pour dénoter l'endroit des proportions de
la Cloche, au cinquieme bord & demi &
au douzieme bord moins un ſixieme.

Il n'eſt plus queſtion que de mettre la
derniere main au moule. Pour cela l'on
fait au réchaut une compoſition de ſuif,
de ſavon, & d'un peu de cire : on replace
le compas ſur ſon pivot ; on applique ſur
le modele une couche legere de cette
compoſition que l'on ragrée avec le compas légerement & également appuyé : enfin on retire le compas, puis on met les

inscriptions, les figures & les armoiries, qui ne font autre chose que des feuilles minces de cire amollies à l'eau chaude & appliquées fur des gravures faites fur du buis, & rangés enfuite entre les filets & ailleurs fur la compofition de fuif : le foleil ne doit pas donner fur ce travail.

La Chappe ou le Surtout, ou la Chemife.

Ce moule qui fe nomme ainfi, parcequ'il couvre les deux autres, doit être extrêmement fort à caufe qu'il doit fouffrir le travail d'un feu prefque continuel, qu'il doit être enfoui dans une terre preffée & foulée à la poire à force de bras, & qu'il doit en outre porter tout le poids & toute la force d'un métal tout de feu lors de la fufion.

Le compas étant démonté à l'ordinaire, on ouvre un compas de poche de l'épaiffeur d'un bord, au moins, de la Cloche, & tandis que l'on conduit une de fes jambes le long du trait de l'échantillon, l'autre jambe grave fur la planche tout le trait d'épaiffeur qu'il convient de donner au furtout. Ce trait étant gravée on coupe l'autre trait comme précédemment, au vif & en bifeau : on met la planche montée dans la traverfe en un vafe rempli

d'eau, de peur que les coins ne se dessé-
chent.

Ici l'on songe à disposer pour la premiere couche de ce moule, une certaine
composition de fin limon, d'abord passé
au sec par le tamis, qu'on mêle avec de la
bourre bien émondée & du crottin de cheval; puis le tout étant mis dans l'eau, on
en fait un brouet, qui, étant coulé au tamis se convertit en un fin coulis. On travaille à faire la couche de la façon que
voici : vous tenez en main un chauderon
plein de cette matiere ; vous plongez l'autre main dedans, vous la presentez pleine
& la déchargez par-tout le modele, mais
doucement afin de ne pas déranger les
lettres & les figures. Cette matiere s'étend
d'elle-même par-tout & couvre tous les
reliefs, remplit les sinus & les cavités des
figures & des lettres ; l'opération se conti-
nue jusqu'à l'épaisseur de deux lignes. On
laisse sécher (sans feu) cette couche, laquelle au bout de 12 ou 15 heures forme
une croute.

On charge cette croute d'une deuxieme
couche de même matiere, mais moins
claire : & lorsque cette couche a pris une
certaine consistence, on remet le compas
en place & le feu dans le noyau, avec cette
précaution de ne lui donner d'activité
qu'autant qu'il en faut pour faire fondre

la cire des inscriptions, & former peu à peu dans les premieres couches les creux des lettres & figures par l'écoulement de la cire fondue.

Avançons : on charge d'une terre un peu mons claire encore, & l'on met toutes les couches de plus solides en plus solides ; on les entre-mêle du haut en bas de gros chanvre entier en long & en large, & que l'on applanit à chaque fois au compas. L'épaisseur de ce moule doit descendre plus bas que la meule de 4 à 5 pouces ; (j'appelle cette partie le dessous de meule) & la serrer de près afin que le métal ne puisse point s'extravaser.

Il faut la trancher par le bas, cette épaisseur, & la terminer en vive arrête par le moyen d'un petit morceau de bois attaché à l'extrêmité de la planche ; & pour le haut, on inserera dans la main de force un morceau de planche taillé en forme de couteau de Chaircutier, qu'on appelle le *nez*, & qui, en tournant le compas, disposera sur le collet la forme où doivent être placées les anses. On donnera à cette forme une ouverture proportionnée au volume des anses.

Avant de lever la *chape*, il faut y marquer plusieurs repères que l'on abaissera jusques sur la meule en lignes droites avec

G iiij

des numeros en haut & en bas de ces lignes, afin de la repofer fur ces mêmes repères & fur ces mêmes numeros quand il
en fera queſtion.

Et pour la lever, cette *chape*, on place
en 4 ou 5 endroits fous fon extrêmité deux
bouts de planche & un coin entre les deux
bouts fur lefquels autant de perfonnes
frappent à petits coups de marteaux tous
enfemble afin qu'elle fe détache également & fans rien brifer du modele d'épaiffeur. La voilà foulevée, il ne faut donc
plus que des gens qui s'entendent bien,
& qui au fignal du Fondeur l'élevent en
haut à force de bras, ou avec les crochets
& la chévre, fi le vaiffeau eſt trop fort
pour le retirer de la *foffe*.

Ce moule étant enlevé, on en remplit
les crevaffes & autres défectuofités s'il s'en
trouve, avec un coulis d'eau & de cendres, que l'on fait fécher enfuite avec un
falot de paille allumé, & que l'on effuie
bien après, afin que tout foit net au parfait. Toutes chofes étant ainfi faites, on
brife le fecond moule qui eſt la cloche
elle-même en figure : on le jette dehors de
la foffe par morceau, on nettoie bien le
bord de la meule, & l'on repofe le furtout
en fa place & fur fes reperes.

Nota 1°. Avant que d'enlever le fur

tout il doit être chargé de ses anses ; car toute la masse doit se lever à la fois.

Nota 2°. Lorsque le Fondeur a brisé son moule d'épaisseur, il doit en prendre un morceau du gros bord & voir au compas s'il a son bord d'épaisseur tel qu'il doit l'avoir au plus juste ; & s'il ne la pas, un Fabricien doit l'obliger à briser & détruire tout son ouvrage, & à recommencer de nouveau : c'est à quoi il faut bien faire attention.

CHAPITRE XI.

La Fonte théorique & pratique des Cloches.

Nous voici dans un ouvrage de patience & de longue haleine; auffi l'Ouvrier s'y met-il dès les premiers jours & à toutes fes heures perdues. Il prend fes modeles d'anfes qu'il crayonne de charbon pillé ou de craie pour en tirer des creux, ce qui fe fait ainfi. On enveloppe la moitié du modele d'un gâteau de la terre des moules qui eft raffermie, &, fans féparer le modele, on fait fécher le gâteau au feu : quand il eft fec on ragrée fon bord avec le couteau, on crayonne ce bord ainfi que l'autre moitié du modele que l'on couvre d'un fecond gâteau : on le met au feu, après avoir féparé le premier, & quand il eft cuit, on le retire, on les taille tous les deux fort proprement & à angles fins; on les applique l'un contre l'autre, on les colle enfemble par une bonne charge de la même compofition qu'on leur applique en dehors, & par un bon enduit de terre legere qu'on leur donne en dedans. On fait cuire le tout à volonté, après quoi on lave ce creux ou ces deux demi creux par dedans, afin d'enlever les parties grumeleuses qu'il peut y avoir. Enfin on remet son ouvrage à la cuisson ; & voilà ce qui concerne la façon des creux qui sont au. nombre de six & des demi creux au nombre de douze : on travaille à tous dans le même tems si l'on a six modeles.

Voici pour la maîtresse anse, qu'on appelle *le pont* : on fait un modele de terre mêlée de bourre & de crotin courroyées à la main, & on le figure tel qu'il doit être, & ayant vers son extrêmité superieure, une ouverture pour passer la trompe de la cloche. On donne à l'extrêmité d'en bas une circonférence divisée en six parties égales qui feront, en partant du centre de cette circonférence, six rayons égaux : c'est par le moyen du centre & de ces rayons que les six anses s'ajustent sur *le pont* par bas. Mais pour les y joindre par le haut, il faut faire un repere sur chacun de ses côtés en forme de croix pour les deux anses appellées *les deux volans* : il en faut outre cela 2 sur chacune des faces de ce pont, savoir un à droite & un à gauche pour une face, & un aussi à droite & un autre à gauche pour la face opposée, lesquels doivent se trouver vis-à-vis d'une face à l'autre, en conduisant ces mêmes reperes sur la sommité de ce même

pont. C'eſt-à-dire, que les reperes ſuppo-
ſées *a* & *b* de l'une des deux faces devien-
dront paralleles & parfaitement correſ-
pondans aux reperes *a* & *b* ſuppoſés de
l'autre face : ce petit langage eſt entendu
par tous les Artiſtes du monde : voilà la
place marquée pour les ſix anſes.

Pratique.

Pour aſſembler mes pieces, c'eſt-à-dire,
mes creux avec *le pont*, 1°. je couche ma
maîtreſſe anſe ſur une planche, crayonnée
ou cendrée, j'adapte mes deux volans ſur
ſes côtés & ſur leurs reperes, puis deux
autres anſes ſur leurs reperes & ſur ſa face,
& voilà déja quatre anſes ou autrement
quatre creux d'anſes poſés & appliqués;
mais il faut que la diſtance qu'elles ont au
centre du *pont* ſoit égale entre-elles, ce qui
ſe trouve au compas : ces creux étant ainſi
arrangés, on emplit d'un morceau de terre
l'ouverture qui eſt au *pont* qui formera un
paſſage pour paſſer la trompe, puis on
garnit de terre les coudes des anſes & des
volans avec des gâteaux aſſez longs & larges pour remplir tout le vuide qui eſt d'un
creux à l'autre ; enſuite on donne à tout
cet ouvrage une bonne & ſuffiſante charge : c'eſt un gros maſſif pour lors, que
l'on fait cuire au feu de charbon juſqu'à

ce qu'il ait pris affez de force pour être manié & renverfé, bien entendu qu'en arrangeant fes pieces, & avant que de les expofer au feu, on aura eu foin de faire au milieu de la tête du pont avec un bâton bien arrondi un jet capable de recevoir le métal en fufion, puis deux foupiraux ou évents aux deux côtés du jet, mais un peu plus étroits & plus bas, afin que l'air forte hors du moule dans le tems qu'on coulera.

2°. Il refte l'autre partie de l'opération. Je renverfe mon maffif fur une table pour placer mes deux autres creux d'anfes fur fon autre face fur leurs reperes & à la même diftance du centre du pont que les deux creux précédens, au moyen de mon compas dont j'ai confervé l'ouverture. Je donne les mêmes charges de ce côté-ci que de l'autre, & une autre charge de furplus fur la jonction des deux pieces afin qu'elles ne fe féparent point; je mets cuire ce côté-ci comme j'ai fait l'autre : la cuiffon en étant faite, je fépare mes deux moitiés & j'enleve la fauffe anfe qui eft le pont pour ne plus reparoître, mais fi adroitement que je ne brife rien, fur-tout le morceau de terre que jai mis dans l'ouverture du *pont*, qui eft tout ce qui en doit refter pour faire l'emplacement de la trompe quand on coulera.

Cependant avant que de les féparer, ces deux moitiés, le compas à la main, je trace fur la fommité du *furtout* une certaine circonférence que je reporte en deffous de mon maffif en partant de fon centre, de ce deffous de maffif ainfi arrondi, j'en fais une bafe que je forme à fin onglet avec un bon tranchant; & non-feulement je donne cette forme ronde à ce maffif qui doit faire le couronnement de la Cloche, mais je lui donne encore un certain concave pour faire l'agrément de l'intérieur du cerveau de la Cloche.

3°. Les deux moitiés étant bien cuites on les appareille, on les polit en dedans, & on en emporte tous les grumeaux avec un pinceau de chanvre trempé dans de l'eau de terre, puis on les met au recuit.

4°. Lorfque le dedans en eft bien fec, on réunit les deux pieces enfemble, on les charge en dehors, & par dedans on recouvre leur trait de féparation avec un coulis de terre mis au pinceau, puis le recuit.

5°. On emplit le noyau de charbon, on monte le maffif des creux d'anfes fur la chape & on l'emboîte dans le rond qui a été préparé pour le recevoir. Le feu doit être long afin que la cuiffon foit complette : on aura foin de graiffer auparavant d'huile à fond toute la place que doit occuper le couronnement ou ce maffif, afin de pouvoir l'ôter quand on voudra en lever le furtout.

6°. C'eft dans ce tems-là qu'on conftruit fur les anfes l'entonnoir où fe termine le canal. Ce font trois gâteaux de terre en forme de tuile qu'on dreffe à angles droits, qu'on affure bien l'un contre l'autre, & qu'on liffe au fin poli : il faut autant de ces entonnoirs qu'il y a de Cloches. Tout de fuite on prolonge avec des batons bien arrondis les foupiraux, que l'on tient toujours bouchés avec des tampons ainfi que le jet, jufqu'au moment qu'il faudra couler : & lorfque la cuiffon fera achevée & le feu éteint, on en levera le tout le plus proprement qu'il fera poffible de deffus la chape.

7°. Refte l'anneau de la Cloche à pofer. Voici comment on fait : on le pofe fur le centre de cette traverfe de fer qui refte dans le noyau, & fur lequel a toujours roulé le compas de conftruction. On établit tout autour de cet anneau fur la traverfe un plancher de tuiles ou de briques fur lequel on éleve un maffif de terre de limon feche & fans eau jufqu'au rez de la chemife en dehors que l'on pile à mefure que l'on va en montant jufqu'à ce qu'il ait la confiftance d'une ferme colomne ; & les deux branches dentelées de cet anneau excederont le furtout pour être incorporé dans le corps de la maîtresse anse. La colomne étant montée à son point, on fait un bassin de brique que l'on charge de charbon, & dans lequel on fait un feu violent pour faire cuire à fait cette masse de terre que l'on a élevée autour de l'anneau ; & cette derniere cuisson étant faite, on enleve le *surtout* de la façon que j'ai dit à la fin du Chap. X.

8°. J'ai déja dit, *ibidem* que, quand le dedans de la chape a été bien lavé, fumé & nettoyé, on la repose sur ses repères & sur les numeros correspondans, (ce qui la replace en distance égale de son noyau en tout sens) ; à présent donc qu'elle est en sa place, il ne s'agit plus que de la couvrir de son bonnet ou de son couronnement, c'est-à-dire, de ses anses, de son jet & de ses évents que l'on soude par un coulis que l'on met recuire sur-le-champ. Après quoi il ne reste plus rien à faire que d'emplir la fosse de terre ferme & de gravier pilé de lits en lits, avec la poire, en sorte que depuis le fond jusqu'au rez de chaussée, cela imite la dureté de la pierre, afin d'empêcher les moules de se tourmenter lorsqu'on coulera la matiere : & tout est dit.

Et je passe tout de suite à d'autres parties qui termineront ce petit Ouvrage, telles qu'elles vont être détaillées.

Le Réverbere.

C'est une espece de four qui se bâtit à 4 ou 5 pieds au-dessus du goulot ou *entonnoir*, dont je viens de parler n° 6. On l'appelle *réverbere*, parceque la flamme qui se joue dans sa voûte, reverbere & refoule son activité sur le métal. Il imite le four d'un Boulanger, mais sa voute doit être surbaissée pour mieux refouler vers le bas. Il est construit sur une base de cinq ou six briques de hauteur, plus ou moins, suivant la quantité du métal : ces briques se posent à contre-sens, c'est-à-dire, d'abord d'un lit de briques en largeur, puis d'un autre en longueur, & successivement ainsi jusqu'à 5 ou 6 lits, le tout bien lié & bien enduit en dehors & en dedans, d'une bonne terre de maçonnerie : mais avant que de construire cette base, vous avez un grand compas de bois auquel vous donnez pour rayon l'étendue de neuf bords d'une cloche qui sera supposée devoir être du poids de tout votre métal, c'est-à-dire, que si vous devez fondre 8000 liv. de métal ce seront 48 lignes que vous aurez de bord, qui multipliés par 9 font 432 lig. ou 36 pouces, ou trois pieds d'ouverture de votre compas, lesquels trois pieds en feront 9 de circonférence & 6

H

en diametre. Voyez la Table des lignes, poids & cubes.

C'eſt autour de cette circonférence & hors de ſa courbe que vous dreſſez la baſe en queſtion, ſur laquelle vous faites bâtir votre four que vous faites bien crépir en dedans & revêtir en dehors d'une bonne charge. Dans cette baſe même & ſur ſon terre-plein, on pratique une iſſue quarrée groſſe comme le point, ſuivant la quantité du métal qui doit y paſſer pour couler dans les moules, & que l'on ſcelle hermétiquement d'un tampon de terre bien cuite. Vis-à-vis de cette même iſſue eſt une fauſſe porte ceintrée, qui communique à cette partie du reverbere qu'on nomme la *cheminée*, par laquelle porte la flamme vient ſe rendre dans le four pour ſe répandre avec toute ſon activité ſur le métal : cette ouverture tient ici lieu de *foyer*. Entre cette eſpece de foyer & le trou de l'écoulement ſont placées deux portes, dont l'une d'un côté du reverbere & l'autre de l'autre côté dans le vis-à-vis, aſſez grandes pour paſſer le Fondeur qui doit entrer en rampant. Ces deux portes ſont deſtinées à épurer le métal à meſure qu'il cuit, à en tirer les écumes, à favoriſer la ſortie de ces fumées épaiſſes qui pourroient refroidir & faire figer une partie de la matiere.

Le Baſſin.

C'eſt le pavé du reverbere, ainſi nommé
parcequ'étant un peu creux il imite le fond
d'un plat ou d'un baſſin. Ce pavé doit pan-
cher un peu vers le trou du tampon afin
que tout le métal puiſſe ſe rendre dans les
moules. Il doit être fortement pilé au
maillet, recouvert de ſable pilé de même,
& ragréé d'un gros coulis de cendres :
enſuite on dreſſe en dedans tout au tour,
& à la hauteur de la baſe un bon & fort
talus de limon appliqué au ſec & pilé au
maillet, ragréé du brouet de cendres comme le reſte ; & ce talus ainſi conditionné,
regnera de même à l'entrée des portes.

La Chauffe.

C'eſt une eſpece de cheminée conte-
nant la moitié du reverbere en quarré auquel elle eſt toute contiguë. Cette piece
eſt de deux parties ; une grille de gros fer
plat les ſépare : celle de deſſous eſt pour
recevoir les braiſes & les cendres, & celle
de deſſus eſt deſtinée à recevoir le bois de
chauffe qu'on y jette par une ouverture qui
eſt pratiquée en haut, & qu'on a ſoin de
refermer chaque fois qu'on y jette du bois,
afin que la flamme aille droit dans le reverbere. Tout doit être fait en briques.

La Chapelle

Est cette face de la cheminée qui appuie contre le four du reverbere, & sur le haut de laquelle est construite cette fausse porte ceintrée dont je viens de parler, & qui est pour renvoyer la flamme sur le métal. Elle doit être bâtie en talus & d'une maçonnerie de brique la plus solide qu'il est possible, de peur qu'elle ne se brise quand on jette le bois, & que l'on ne perde son métal & sa fonte, comme je l'ai vu arriver.

Le Canal

Est un conduit composé dans sa longueur de briques bien enduites de terre & d'un coulis de cendres par-dessus. La pente de ce conduit, qui est depuis le tampon jusqu'à l'échenal doit être médiocre, mais suffisante pour conduire le métal dans les moules.

L'Eschenau

Ou échenal est un bassin, & précisément l'entonnoir dont je viens de parler, n° 6. Il est en quarré oblong, il communique au canal devant lequel il est placé. Il est percé dans son fond d'autant de trous qu'il y a de maîtres jets, & qu'il y a de Cloches par conséquent : il est placé fur le haut des moules, de forte que fes trous qui font en forme de larges godets, s'uniffent par leur ouverture intérieure avec l'orifice de chaque jet. Les tuyaux des évents viennent fe terminer fur l'aire autour des bords de l'efchenau.

La Cuite du four.

On emplit le four de reverbere de bois & de paille auxquels on met le feu : lorfque tout eft confumé, l'on y remet une bonne charge de bois, on bouche les portes, on recharge les endroits de la calotte où l'on apperçoit la fumée fortir ; mais à cette fois-ci le feu étant éteint, le Fondeur rentre dans le four, nettoie bien fon baffin, & obferve bien attentivement fi le métal ne fe peut perdre. Et fi tout eft en état bon, l'Ouvrier range dans fon fourneau un lit de paille & quelques bûches par-deffus, fur lefquelles il place fes morceaux de métal tout droit, en ménageant de petits entre-deux d'un morceau à l'autre, afin que la flamme ait prife par-tout : après quoi il conftruit aux fauffes portes par où il eft entré, une cheminée à briques de la hauteur du four pour mieux faire jouer le feu de reverbere jufqu'à ce qu'il faille écumer, & ménager le déchet du métal.

La Fusion.

Le moment de couler étant arrivé, & la cuisson étant louable, comme je l'ai marqué Chapitre IX, on nettoie bien tous les canaux & eschenaux qui n'ont cessé de cuire au feu de charbon durant tout le tems de la chauffe & la fonte du métal : on débouche les jets & les soupiraux ; on brûle au feu par l'une des fausses portes le bout de la perche qui doit enfoncer le tampon du métal, & qui doit le tenir en commande dans sa sortie lorsqu'il coule ; on brûle de même le bout de tous les batons & les palettes de bois qu'on destine à manier & à conduire le métal, le tout afin d'en éviter les crachemens. Toutes choses étant disposées de la sorte, le Fondeur les pieds en pantoufles & pourpoint bas, donne un grand coup de sa perche contre le tampon qu'il enfonce dans le four, le métal sort comme un torrent de feu ; & sans bouger cette perche du trou, il commande sa fusion au gré de la capacité de ses canaux : à l'instant il s'éleve par les évents une flamme semblable à celle de l'eau-de-vie, laquelle ne s'éteint que quand les moules sont pleins & que les Cloches ont réussi : tout est fini.

Addition.

Les 6 anſes des Cloches doivent porter dans leurs 4 faces un bord & un tiers d'épaiſſeur.

Le battant doit avoir dans le gros de ſa poire un bord & demi, plus un huitieme d'épaiſſeur, qui font 4 bords & demi plus $\frac{3}{8}$ de circonference, la poire étant bien arrondie.

L'anneau du battant & celui de la Cloche doivent être arrondis & bien adoucis à la lime pour la conſervation du brayer.

Les tourillons ſeront faits en grain d'orge, & les plumarts ſeront faits du même métal que les Cloches.

CHAPITRE XII.

*Réfutation des moyens des Fondeurs, lors-
qu'ils manquent leurs accords.*

PREMIERE QUESTION.

POURQUOI dans une octave les tons
graves l'emportent-ils en mélodie fur les
tons aigus?

Rep. La fufion fait elle-même cet effet.
Si raffiné que foit le métal par le feu de
réverbere, fes parties étant divifibles à
l'infinie, celles qui font les plus compofées, les moins divifées, les plus terreftres
fe précipitent dans le fond de la matiere,
tandis que les plus fimples & les plus fubtiles demeurent fufpendues au-deffus en
forme de ftagnance.

Lors donc que l'on coule, les parties les
plus fpiritualifées s'empreffent d'aller fe
décharger dans les plus gros vaiffeaux par
où commence la fufion de ce métal, &
les plus groffieres cherchent leur centre de
gravité qui eft le fonds du réverbere : c'eft
donc une chofe toute fimple que les premieres Cloches coulées, & qui ont pris

toute la crême du métal, foient auffi les plus fonores en mélodie.

Comme cette mélodie des fons dépend de la liaifon de la matiere, plus la liaifon en eft étroite & plus augmente le mélodieux de ces mêmes fons ; or plus les parties de la matiere approchent de l'unité par leur décompofition, plus auffi font-elles fufceptibles de liaifon.

Ajoutons que plus un poids, par fa gravité, comprime les parties d'un métal, qui font comme fpiritualifées, plus ces parties fe trouvent difpofées à fe marier & à s'unir d'une maniere très étroite : c'eft l'avantage des gros vaiffeaux & des tons graves, ou par exemple, un *ut* pefant 8000 liv. de matiere, tandis que fon *ut* octave n'en pefe que 1000, on peut dire que le premier l'emporte de 7000 de gravité fur l'autre ; on doit donc conclure, que toute proportion gardée entre la mélodie de ces deux tons, on a la raifon de 8 à 1, dont la différence eft de 7000 parties de mélodie contre 1000.

Premier moyen de défenfes.

Mais qu'un Fondeur veuille tirer avantage de ce difcours, qu'en réfultera - t-il ? Que fon accord eft manqué par les rai-

fons ci-déduites, favoir par les parties de
fon métal plus fubtiles ici, plus craffes là ?

Rép. Ne confondons rien. La mélodie des
fons & l'accord des tons font deux chofes
bien différentes que l'on ne peut affujettir
aux mêmes regles : les accords fe font
à la regle & au compas fur des principes
qui font immuables ; au lieu que les qua-
lités premieres, dernieres & intermédiai-
res qui roulent dans un gros volume de
matiere liquide ne fe mefurent point aux
pouces : un accord parfait dépend de l'ha-
bileté de l'Artifte, & les graces de la mélodie ne dépendent que de la matiere.

SECONDE QUESTION.

Second moyen de défenfes.

La différence des métaux ne dérange-
t'elle pas les tons ?

Rép. On n'a qu'à demander aux Clave-
ciniftes & aux Luthiers, fi la bonne ou
mauvaife qualité des cordes de leurs Inf-
trumens augmente ou diminue le degré de
tons qu'ils veulent y donner, & fi deux
cordes, par exemple, montées en tierce
ne fonneront pas toujours la tierce.

Les nuances du bon goût & du mélodieux ne s'y rencontreront point il eft vrai ;
c'eft le cas précédent & la même répon-

fe : la queſtion n'eſt pas ici de la bonne
ou mauvaiſe mélodie, mais de la bonté ou
de la fauſſeté des accords.

Suppoſons pour un moment les quatre
Cloches ſuivantes qui ſont pour former
tierce, quinte & octave, *ut*, *mi*, *ſol*, *ut* ;
on défie tout Harmoniſte de dire que ces
tierce fondue en cuivre rouge, *quinte* en
cuivre jaune, & *octave* en cuivre de potin,
ne doivent pas ſonner tierce, quinte &
octave, quoique faites avec toutes les regles de l'art, mettant à part, encore un
coup, les nuances de la mélodie.

C'eſt donc une chicane & une mauvaiſe
foi dans l'Ouvrier, quand une Cloche eſt
trop haute ou trop baſſe d'un quart de ton
ou d'un demi-ton, de dire que le métal de
la Cloche reſtante n'eſt pas le même que
celui de la neuve.

TROISIEME QUESTION.

Troiſieme moyen de défenſes.

La différence des fournitures peut-elle
faire différencier les tons ?

Rép. D'abord on convient que ſi la
maîtreſſe Cloche ſonne dans ſa fourniture
un *mi*, un *ſol*, un *ut*, aigu qui ſoient faux,
tandis que les Cloches *mi*, *ſol*, *ut* aigu,

qui accompagnent celle-ci seront en tons vrais; l'on convient qu'alors il y aura de la dissonance, ne pouvant y avoir ni unisson ni accord entre le vrai & le faux; mais où aboutit cette question? à faire voir qu'à mauvais Ouvrier, mauvaise défaite?

Car enfin, 1°. où cette Cloche en question est d'accord avec elle-même, ou elle ne l'est pas: si elle l'est, pourquoi ne pas se regler sur sa fourniture, & si elle ne l'est pas, pourquoi s'y regler? (voyez la Préf.) 2°. Quoiqu'elle ne soit pas d'accord avec elle-même, il arrive souvent que le ton de sa frappe est vrai, & que les tons de sa fourniture sont faux. Alors ce ton de frappe, ou de gros bord, se trouvera en parfait accord avec les tons de gros bords des autres, si l'on y a observé les regles de l'art. Donc les tons de frappe d'une part, & ceux de fourniture d'autre part, faisant deux échelles de tons séparées, ceux-ci ne sauroient faire différencier ceux-là: ce qu'il falloit démontrer.

QUATRIEME QUESTION.

Quatrieme moyen de défenses.

Les tons peuvent - ils se déranger dans les moules ?

Rép. Les Fondeurs se croient bien forts quand ils disent que la force du métal , & que l'humidité dont les moules sont susceptibles , peuvent apporter des changemens notables dans les accords ; que ce sont de ces inconvéniens dont ils ne peuvent répondre & qu'ils ne sauroient prévoir. Voilà du spécieux : mais ce n'est que du spécieux ; venons au fait.

Il s'agit ici de trois moules , qui sont le le noyau, le modéle de cloche, & sa chappe : examinons-les par ordre ; & après examen fait , les Fondeurs se trouveront plus responsables qu'ils ne le pensent.

Et 1°. Qu'est - ce qui donne le ton ? C'est le diametre , c'est l'épaisseur. Qu'est-ce qui forme le diametre ? C'est le noyau. Or le noyau est un massif de maçonnerie , composé de briques & d'un recuit perpétuel qui le rend ferme comme la pierre. Il ne peut donc souffrir aucun changement. Donc le diametre reste en son entier : donc ici le ton reste en son entier, quant au diametre.

2°. Qu'eſt-ce que l'épaiſſeur ? C'eſt le modele même. Or avant que de couler, ce modéle a été briſé, enlevé ; donc il n'eſt plus ſuſceptible d'humidité, ni expoſé au poids du métal puiſqu'il n'en eſt plus queſtion ; donc encore ici le ton eſt en ſon entier, quant à l'épaiſſeur. C'eſt donc 3°. de la chappe que proviennent les diſcords à raiſon de ce poids & de cet humide prétendu ?

Point du tout : mais voici où eſt l'erreur. 1°. Le Fondeur ouvre un grand compas de bois de l'étendue de ſon diametre, piquée ſur une regle ; il préſente trois fois ſon compas ſur la circonférence inférieure de ſon noyau, & quand il manque quelque quart ou tiers de pouce, il compte que ce n'eſt rien & paſſe par-deſſus. Or Meſſieurs les Fabriciens doivent être préſens à cette épreuve, & en cas du moindre défaut de juſteſſe, obliger l'Ouvrier à rectifier ſon ouvrage ; car une ligne de moins dans le diametre, (qui eſt le tiers de la circonférence du noyau,) c'eſt une ligne d'épaiſſeur de plus pour le modéle de Cloche : or une Cloche trop étroite d'une ligne & trop épaiſſe d'une ligne, vous la fait monter d'un demi-ton trop haut ; premiere erreur, le noyau. Paſſons à une autre.

2°. Quand le modéle a eu toutes ses façons, l'Ouvrier bâtit sa chappe dessus; & la chappe faite, il la leve, après quoi il casse son modéle. Ce modéle brisé, il prend avec son compas l'épaisseur de sa Cloche, qu'il a piquée sur sa regle; il prend un morceau du gros bord de son modéle, y présente son compas; & s'il n'y a qu'une ligne de trop ou de trop peu, il fait comme il a fait à son noyau, c'est-à-dire qu'il passe par-dessus : seconde erreur, le modéle. La présence de Messieurs les Fabriciens est encore ici nécessaire pour forcer le Fondeur à recommencer ses trois moules. Reste un mot à dire sur la chappe.

C'est un massif de terres renforcées, épais à discrétion, garni de gros chanvre crud, quelquefois de fils de fer, de cercles de fer ou de bois, selon la force & le poids du vaisseau, environné d'un autre massif de terres, gréves & ciments, mises par assises égales du bas en haut & fortement pilées avec la poire; & le tout compris ensemble, cela ne fait plus qu'un même corps, sur lequel, toutes mesures bien prises, la force de la fusion n'a aucune prise; aussi n'est-ce point par-là que les fontes manquent.

Il n'y a donc plus que l'humidité à craindre. Mais pourquoi, aussi-tôt ce dernier

moule fait & conſtruit dans toutes ſes
parties , & auſſi-tôt qu'il a eu ſon recuit ,
ne pas fondre & couler tout de ſuite , plutôt que d'aller paſſer ſon tems à des voya-
ges de pluſieurs jours ? Il faut ici la dili-
gence de Meſſieurs les Fabriciens , pour
forcer un Fondeur à conſommer ſans perdre de tems l'ouvrage de ſa fonte. Donc
ce dernier moule , non plus que les autres
ne préjudicie en rien aux accords , qu'autant que l'Ouvrier le veut bien ; donc il eſt
reſponſable des diſcords.

Pour ſurcroît de preuve, ſi la Fabrique
a conſervé comme elle le doit , les épreu-
ves par écrit & ſignées de l'Ouvrier , tant
du modéle que du noyau ; avec un échantillon du gros bord du modéle reconnu
auſſi & ſigné par lui, on n'a qu'à comparer
le tout avec le diametre & le bord de la
Cloche lorſqu'elle ſera tirée hors de la foſſe
& vuidée de ſon noyau, & l'on verra que
les rapports ſeront juſtes. Donc, ſi la
Cloche n'eſt point dans ſon ton, c'eſt que
le Fondeur aura failli dans ſes premieres
dimenſions de diametre & de bord ;
donc l'erreur ſera dans le principe & non
dans les moules. Tout ce que nous venons de dire ici en quatre queſtions , a la
force d'une démonſtration.

CINQUIEME

CINQUIEME QUESTION.

A quoi bon cet usage des Fondeurs de n'allumer le feu de la fonte, que le jour d'après que le métal est rangé dans le four de reverbere?

Rép. Je le laisse à deviner. On y met une garde : mais pourquoi une sentinelle quand on peut s'en passer ? Ici je me tais, plutôt que de tout dire. Mon silence doit rendre attentifs ceux qui emploient les Fondeurs. On ne peut reprocher qu'à soi-même d'avoir été trompé, quand on a été averti.

CHAPITRE XIII.

Addition au préfent Traité.

ARTICLE PREMIER.

COMME les Fondeurs ne font pas tous au fait de calculer par cubes, je vais leur en dire un mot par des exemples. Suppofé ces quatre épaiffeurs 7 lig. 8 lig. 9 lig. 10 lig. Je multiplie 7 lig. par 7 valent 49, enfuite 8 lig. par 8 = 64 ; puis 9 lig. × 9 = 81, enfin 10 lig. × 10 = 100 : premiere opé-ration. Cela fait, je multiplie ces 4 nom-bres 49 × 7 lig. = 343, 64 × 8 lig. = 512, 81 × 9 lig. = 729 ; & 100 × 10 lig = 1000. Calculer de la forte, cela s'appelle tripler ou cuber les chiffres.

ARTICLE II.

Veut-on favoir ce que doit pefer un *ut* aigu dont on connoît l'épaiffeur, qui eft, je fuppofe, de 8 lignes, ou de 9 lignes, ou de 10 lignes, ou de toutes autres quel-conques ? Il faut, 1°. cuber ces épaiffeurs, comme il vient d'être fait dans l'article précédent. 2°. On multipliera par 25 li-vres, qui eft le poids du premier *ut* aigu de

7 lignes, celui des nombres cubes ci-deſ-
ſus qu'on voudra ; comme par exemple, le
cube de 8 lignes qui eſt 512 par 25 livres,
le produit eſt de 12800 ; le cube de 9 lig.
qui eſt 729 multiplié par 25 livres donne
18225 : & le cube de 10 lignes, qui eſt
1000 multiplié par 25 liv. donne 25000.

3°. Comme on a pris les 25 livres de la
premiere Cloche de 7 lignes pour multiplicateur des cubes de 8, de 9 & de 10 lignes, on prendra pour diviſeur des produits qui ſont ſortis de ces multiplications,
le cube des 7 lignes de cette premiere
Cloche, ce cube eſt 343. Or, en diviſant 12800 par 343, il viendra 37 livres pour le poids des 8 lgines ; diviſant
18225 par 343, on aura 53 livres pour le
poids de 9 lignes ; diviſant de même 25000
par 343, on aura 75 livres pour le poids
de 10 lignes. On peut juger de ce ſimple
expoſé que pour ſavoir ce que doit peſer
un *ut* aigu, quel qu'il ſoit ; il n'y a d'abord
qu'à cuber ſon bord, puis multiplier ſon
cube par 25, & enfin diviſer par 343 le
produit de cette multiplication : le quotient ſera le poids que l'on cherche. C'eſt
ainſi qu'a été dreſſée la Table du Chapitre VIII.

ARTICLE III.

On veut faire reconſtruire une Cloche

caſſée ; ſur quel accord la mettra-t-on ? car il arrive ſouvent que la plus groſſe ſonne un *re* pour un *ut*, & dans ce cas, ſi l'on n'y prend garde, le *mi*, qui ne devoit tenir que le troiſieme rang, occupera le ſecond, ce qui eſt un déplacement de ſemiton de fort mauvaiſe grace. Il eſt donc à propos d'avertir le Fondeur, du ton de cette groſſe Cloche, lui qui pour l'ordinaire ne ſait ni gammes ni notes.

ARTICLE IV.

On propoſe à un Fondeur de faire une Quinte & de lui fournir une quantité fixe de matieres, par exemple, 4000 livres ou 26000 livres ſans lui nommer d'épaiſſeur ; comment la répartira-t-il dans ſes cinq Cloches ? s'il pouvoit connoître quel doit être le bord de ſon *ut*, il ſauroit auſſi ce qu'il doit peſer : mais comme cela ne ſe peut, mon avis eſt qu'il ne doit jamais faire de ces ſortes de marchés qui tourneroient au détriment de ſon honneur & de ſa fortune, à moins qu'il ne ſoit très habile dans l'art du calcul & des combinaiſons. Qu'on lui déſigne plutôt de quelle épaiſſeur on veut la maîtreſſe Cloche, & alors il verra, & il procédera exactement, ſelon l'inſtruction des Chap. V, VI, VII & VIII.

OBSERVATIONS

Nécessaires sur quelques parties de ce Traité.

A La page 99, ligne 1. » On examine si
» ce premier-ci est bien juste en son diame-
» tre : la preuve s'en fera en portant le
» tiers bien juste de sa rondeur sur une
» regle où feront marqués ses quinze
» bords.

Les Fondeurs portent six fois la moitié
du diametre au bas de la circonférence de
leurs moules (noyau ou fausse cloche :)
cela n'est pas exact, voici ce qu'il faut subs-
tituer.

Il est de regle que tout diametre est à sa
circonférence comme 7 est à 22 , ou comme 113 est à 355. Conséquemment il faut
ici diviser le diametre en 7, & ensuite pré-
senter 22 fois un de ces septiemes autour des
moules en bas ; & si l'on a bien operé, on
retombera juste au premier point d'où l'on
est parti, sans quoi il faudra briser les
moules.

Et même, afin d'approcher de plus près
de la quadrature du cercle, si le diametre
est assez étendu pour souffrir à l'aise 113
divisions, on présentera 355 fois l'une de

ces divisions au bas des moules ; ceci regarde la page 99 & le Chapitre XII, quest. IV, nº. 3.

A la page 66 ligne 5, » Le poids de la » Cloche, qui auroit dû avoir 15 bords » dans son diametre, doit diminuer de » moitié. C'est une erreur ; mais voici ce que c'est.

Il s'agit de réduire le poids d'une Cloche de 15 bords sur diametre à 14 bords, & de 12 bords sur hauteur à 11 bords : ce sont donc deux retranchemens à faire sur le poids de cette Cloche, qui sont un quinzieme, puis un douzieme de ce poids. Dans l'exemple proposé page 66 ligne 11, de 3393 liv. pour une Cloche de XXXVI lignes faite en 15, le quinzieme est 226 livres 3 onces, & le douzieme est, 282 liv. 12 onces, ce qui fait ensemble 508 liv. 15 onces : & cela retranché de 3393 on n'aura plus que 2884 liv. & une once pour la Cloche de 15 bords réduite à 14 bords. Application de la Regle de Trois, 1º. 15 bords : 14 bords : : 3393 liv. : $\bowtie$. Or 3393 livres $\times$ 14 = 47502 : mais 47502 divisés par 15 = 3166 livres 13 onces : ce sont donc déja 226 livres 3 onces de moins sur les 3393 livres 2º. 12 bords : 11 bords : : 3393 : $\bowtie$. Or 3393 $\times$ 11 = 37323 : puis 37323 divisés par 12 = 3110 livres 4 onces : ce sont donc encore 282 liv. 12 onces de moins sur les 3393 liv. : ce qu'il falloit démontrer.

Mais il est à observer que, quand un *ut*, soit grave, soit aigu, doit porter sur son diametre entre 14 & 15 bords, & sur sa hauteur entre 11 & 12 bords, il faut absolument commencer par réduire, comme il vient d'être dit : après quoi voici ce que l'on fait. Dans la supposition où l'on voudra donner au diametre de cet *ut* 14 bords & un tiers, ou bien 14 & demi, ou 14 trois quarts, ou enfin 14 bords & deux tiers, il faudra voir à combien monte la réduction des 15 bords de largeur & des 12 de hauteur, des deux sommes n'en faire qu'une ; ci-dessus elles sont de 508 liv. & 15 onces ; ensuite de quoi l'on ajoute au poids de l'*ut* fait en 14, (ici c'est 2884 liv. & 1 once) le quart, ou le tiers, moitié, ou les trois quarts, ou les deux tiers, par exemple, de 508 liv. 15 onces marqués ci-dessus, & l'on aura le poids que l'on cherche.

Autre exemple d'une Cloche de 8 lig. de 37 liv. & de 15 bords sur 12. Je dis que le quinzieme & le douzieme de 37 liv. joints ensemble font 5 liv. ½ à ôter de 37 liv. pour ne faire plus que 31 liv. ½, cette Cloche étant réduite en 14 bords sur 11.

J'ajoute à 31 livres ½ une livre 6 onces quart de 5 liv. ½, ce qui me fait 32 livres

14 onces pour cette Cloche à faire en 14 & un quart ; mais pour l'avoir en 14 & demi, j'ajoute à 31 liv. ½, la moitié de 5 liv. ½ qui est 2 liv. 12 onces qui feront 34 liv. ¼. Enfin à 34 liv. ¼ en ajoutant le quart de 5 liv. 8 onces qui est une liv 6 onces, j'aurai 35 livres 10 onces pour cette même Cloche, supposé qu'on lui donne 14 bords trois quarts.

Observation sur K, P, L, *qui sont à l'arrondissement du cerveau.* P doit être placé sur la ligne d'arrondissement, à un demi-tiers de bord plus bas que le point A ; K & L chacune aussi à un demi-tiers de bord, près du point P.

Si dans les Planches de gravure le compas ne se rencontre pas toujours juste avec les modéles sur lesquels elles ont été faites ce n'est la faute de personne ; c'est l'effet du poids de l'imprimerie sous lequel le papier s'étend. Ainsi, sans y avoir égard, il faut s'en tenir aux regles : les Planches ne font que pour guider, comme l'on dit, à vue de pays.

F I N.

AVIS AUX FABRIQUES.

IL eſt parmi Meſſieurs les Fondeurs beaucoup d'honnêtes gens ; mais il en eſt
quelques-uns qui ne ſont pas aſſez déli-
cats ſur le point d'honneur. Que ceux-ci
s'offenſent de mes avis, c'eſt leur métier ;
mais un homme de probité prend tout en
bonne part, & ne s'offenſe pas de la vérité.

Vis-à-vis des Coureurs, les Communautés ſont la plupart du tems ou mal
ſervies ou volées ; mal ſervies dans la cuiſ-
ſon des moules, dans l'épreuve des moules, & dans le retard de la fonte : volées
dans le métal.

Dans la recuite des moules, il faut empêcher le Fondeur de s'écarter, parceque
ſi ſes moules ne ſont pas chargés & rafraî-
chis à propos, il en arrive de grands inconvéniens pour les proportions qui doivent regner de bas en haut dans une
Cloche.

L'épreuve des moules ſe fait en préſen-
tant trois fois le diametre de la Cloche,
tel qu'il eſt marqué ſur une regle, ſur ſon
noyau & ſur ſon moule à l'endroit que l'on
nomme la pince.

Quand l'Ouvrier eſt honnête homme,
il briſe tout ſon ouvrage s'il n'eſt pas juſ-

té ; mais quand il ne l'eſt pas il paſſe outre & vous donne une Cloche qui détonne
d'un quart de ton & quelquefois plus. Il
eſt donc à propos que ce diametre ſoit
mis en dépôt, & que l'épreuve ſoit faite
en préſence du Curé, d'un Chanoine, ou
d'un Religieux nommé à cet effet.

Le retard de la fonte eſt quelquefois un
retard d'induſtrie de la part de l'Ouvrier,
qui n'eſt fin qu'à ſon profit. Mais il faut l'o-
bliger à mettre le feu à ſon reverbere auſſi
tôt que les moules ſont mis en état & bien
enterrés, car il eſt de conſéquence plus
que l'on ne croit, qu'ils ne prennent pas
l'humide.

Le métal eſt ſi friand pour ces ſortes de
gens que l'on ne peut trop s'en méfier, &
leur donner le tems d'être tenté, c'eſt trop
les expoſer. Ainſi, auſſitôt la matiere ran-
gée, il faut mettre le feu, ſans leur donner le tems de ſe retourner.

F I N.

ERRATA.

PAge 1 *lig.* 2 , avec le femi-ton , *lifez* avec les femi-tons.

Page 22 *lig.* 7, ou 41 lig. 3 f. , *lifez* 4 lig. 3 f.

Page 24 à la Table , mettez au *fa* 84 liv. , au *mi* 102 liv. au *re* 145 & à *ut* grave 200 liv. ces 4 numeros manquent.

Page 63 *lig.* 29, 245 l. , *lifez* 246 liv.

Page 64 *lig.* 2, 245 liv. *lifez* 246 liv.

Ibidem. *lig.* 10 , la différence 27 liv. & diff. 27, *lifez* 26 liv. & diff. 26 liv.

Ibidem. *lig.* 12 , 298 liv., *lifez* 297 liv.

Page 73 *lig.* 14 après le n°. 1, *ajoutez* pages 58 & 59.

Page 74 *lig.* 23, après le n°. 1, *ajoutez* de même pages 58 & 59.

Page 79 *lig.* 25 , la diagonale F D , *lifez* l'angle F D.

Page 95 *lig.* 11 , angles , *lifez* carnes.

TABLE

DES CHAPITRES.

Fin de la Table.

www.ingramcontent.com/pod-product-compliance
Lightning Source LLC
Chambersburg PA
CBHW050019100426
42739CB00011B/2708